As 7 regras do sucesso

WAYNE CORDEIRO

As 7 regras do sucesso
sabedoria indispensável para a vida

Tradução
Jair Rechia

©2006 por Wayne Cordeiro
Título do original: *The seven rules of success*
edição publicada por
REGAL BOOKS
(Ventura, Califórnia, EUA)

■

*Todos os direitos em língua portuguesa reservados por
Editora Vida*

PROIBIDA A REPRODUÇÃO POR QUAISQUER MEIOS,
SALVO EM BREVES CITAÇÕES, COM INDICAÇÃO DA FONTE.

Todas as citações bíblicas foram extraídas da
Nova Versão Internacional (NVI),
©2001, publicada por Editora Vida,
salvo indicações em contrário.

■

EDITORA VIDA
Rua Júlio de Castilhos, 280 Belenzinho
CEP 03059-000 São Paulo, SP
Tel.: 0 xx 11 6618 7000
Fax: 0 xx 11 6618 7050
www.editoravida.com.br
www.vidaacademica.net

Editor geral: Solange Monaco
Editor responsável e revisão de tradução: Rosa Ferreira
Assistente editorial: Ester Tarrone
Revisão de provas: Tatiane Souza
Diagramação: Set-up Time
Capa: Arte Peniel

Dados Internacionais de Catalogação na Publicação (CIP)
(Câmara Brasileira do Livro, SP, Brasil)

Cordeiro, Wayne
   As sete regras do sucesso: sabedoria indispensável para a vida / Wayne Cordeiro; tradução Jair Rechia. — São Paulo: Editora Vida, 2007.

Título original: *The seven rules of success.*
Bibliografia.
ISBN 978-85-383-0014-4

1. Sucesso - Aspectos religiosos - Cristianismo I. Título.

07-8536   CDD-248.4

Índice para catálogo sistemático:
1. Felicidade : Vida cristã : Cristianismo   248.4

Sumário

Agradecimentos	7
Introdução	9
Regra 1: Ouça bem **Maria de Betânia: Aprendendo a ouvir**	11
Regra 2: Fique satisfeito **Rei Davi: Quando o suficiente é... suficiente?**	29
Regra 3: Viva com integridade **Nicodemos: Expondo-se publicamente**	47
Regra 4: Evite a justiça própria **Judas Iscariotes: Escolhas fatais**	61
Regra 5: Escolha perdoar **Absalão: Um caso de falta de perdão**	77
Regra 6: Permaneça firme em suas convicções **Herodes: Influenciado pela multidão**	93
Regra 7: Cultive relacionamentos saudáveis **Abigail: Apaziguando o rei**	109

Agradecimentos

As sete regras do sucesso foi um esforço em equipe — sem a contribuição de tantas pessoas, o que você tem agora em mãos não teria sido possível.

Minha gratidão à entusiasmada igreja New Hope Christian Fellowship no Havaí, que pôs a mão no arado. Essa família de igrejas é constituída de indivíduos que experimentam a presença de Deus em todos os aspectos da vida e servem com um sorriso que brota do coração.

Somos uma "igreja itinerante" que tem de montar — e depois desmontar o que foi feito — mais de 200 vezes a cada ano. Fico sempre maravilhado com o grupo de santos transbordantes da graça que chamamos afetuosamente nossos "levitas". Esses incríveis voluntários lembram tanto Jesus! Dediquei este livro a esses homens e mulheres comprometidos. Eles não somente permitiram que as verdades do chamado de Deus penetrassem em seu coração, como também deixaram que ele fosse pressionado até sangrar a cada situação extrema... mesmo quando a montagem começa às 3h da madrugada!

Muito obrigado a Dawn O'Brien e sua equipe de edição, cuja simpatia e habilidade com as palavras conseguem transformar retalhos grosseiros numa obra de arte em seda.

Agradeço também à nossa equipe de servos cheios de boa vontade que buscaram intensamente o melhor de Deus. Comprometidos com o fruto eterno, eles se entregam de forma incansável e depois ainda dizem "muito obrigado" por lhes ser permitido o privilégio de participar! Sempre fico envergonhado diante do despojamento voluntário deles.

Aos muitos conselheiros em minha vida que constantemente sustentam minhas mãos cansadas quando pendem enfraquecidas, meu muito obrigado. Vocês, de maneira abnegada, supervisionaram minhas falhas, inspiraram-me a olhar para a luz do Rei e, fazendo isso, ajudaram-me a aprender lições quando eu poderia ter sido totalmente desqualificado!

E muito obrigado a você, Anna, minha esposa, que tem sido minha mais querida amiga por mais de 32 anos. Se me fosse dada a oportunidade, eu me casaria com você de novo inúmeras vezes!

Introdução

O que um livro antigo, contendo nomes que eu nem mesmo sei pronunciar, tem a tratar comigo?

Ainda que você não a conheça, a Bíblia é muito mais do que um arcaico livro de história. É um testamento vivo planejado para nos aconselhar quanto a assuntos como casamento, relacionamentos e problemas. Ela nos adverte com sinais que alertam para a tentação. A Bíblia é capaz de nos preservar de ciladas destruidoras. Não é ficção; ela está repleta de indivíduos reais, pessoas de caráter como você e eu... mas não necessariamente de *bom* caráter! Podemos aprender muito com eles, sobre o bem *e* sobre o mal.

Herodes, por exemplo: dobrou-se sob a pressão dos nobres e matou alguém a quem respeitava... João Batista. Mais tarde, como se a situação já não fosse suficientemente ruim, Herodes desempenhou papel importante na execução de Jesus. Primeiro o mensageiro, depois o Messias.

E há o rei Davi, que "olhou com segundas intenções" para uma mulher casada, sua vizinha, e a vida dele mudou para sempre. Ou Maria, irmã de Marta. Acrescente à lista um obreiro insatisfeito (Judas), um irmão competitivo (Absalão), um homem temeroso e questionador (Nicodemos), uma mulher (Abigail) casada com um marido tolo e você terá seus instrutores para este breve percurso da vida.

Pela fé Abel ofereceu a Deus um sacrifício superior ao de Caim. Pela fé ele foi reconhecido como justo, quando Deus aprovou as suas ofertas. Embora esteja morto, por meio da fé ainda fala (Hebreus 11.4).

Ainda que essas personagens bíblicas tenham morrido, suas lições permanecem. Suas vozes ainda falam, suas cicatrizes contam histórias, e eles podem nos instruir sobre como evitar a violação das Regras do Sucesso. Esses Veteranos de Guerras Comuns, com erros lavados em lágrimas e lapidados pelo tempo, podem guiar os novos recrutas a um futuro promissor.

Essas coisas aconteceram a eles como exemplos e foram escritas como advertência para nós, sobre quem tem chegado o fim dos tempos (1Coríntios 10.11).

Examine as admiráveis páginas da Bíblia e você encontrará muito mais do que velhas histórias; encontrará pérolas preciosas transformadoras que impactarão sua vida, seu casamento, seu futuro. O que você descobrir influenciará seu modo de pensar, mudará sua atitude e aumentará sua capacidade de crer.

A vereda do piedoso não é sempre uma linha reta, mas, quando você segue as regras de Deus, pode estar certo de que o melhor ainda está por vir!

Regra 1

Ouça bem
Maria de Betânia:
Aprendendo a ouvir

Caminhando Jesus e os seus discípulos, chegaram a um povoado, onde certa mulher chamada Marta o recebeu em sua casa. Maria, sua irmã, ficou sentada aos pés do Senhor, ouvindo a sua palavra.

Lucas 10.38,39

Milhões de informações são implacavelmente lançadas sobre você a cada instante do dia. Uma infinita seqüência de ondas o cerca e o inunda — ondas de rádio, microondas, sinais de televisão, freqüências de telefone celular, transmissões via satélite —, preenchendo todo seu espaço, golpeando você neste exato momento. Você não as ouve nem vê, a menos que as observe com o dispositivo adequado.

Freqüências de informação carregando conteúdo global passam por nós de forma indolor e sem ser detectadas... *a menos* que escolhamos observá-las, sintonizando-as. Graças às maravilhas da tecnologia, com um rádio ou um televisor ligados somos capazes de ouvir e ver o crescimento desses milagres digitais que facilitam nossa vida — dos programas culinários aos últimos filmes épicos.

UMA FREQÜÊNCIA MAIS ALTA

Existe uma outra freqüência que muitas pessoas nunca percebem. Ela não contém música ou entretenimentos. Transporta a informação mais transformadora jamais encontrada. Cheias de direção eterna e de indispensável sabedoria, essas mensagens geralmente não são detectadas.

São mensagens altamente pessoais que carregam informações sensíveis sobre você, seu futuro e seu potencial. Elas o previnem de fraquezas desconhecidas e o instruem quanto à habilidade pessoal.

O divino anunciador

"No princípio era aquele que é a Palavra. Ele estava com Deus, e era Deus" (João 1.1).

Deus está falando diretamente a nós. Ele existe desde o começo das eras, muito tempo antes de nascermos. Está enviando sinais — instruções e direção — diretamente a você. Deus está enviando advertências quanto ao seu futuro, indicando direção para seu casamento, treinando-o para um futuro melhor e encorajando-o a transpor tempos de desespero. A verdadeira pergunta não é: "Deus está falando?". Ao contrário, é: "*Estou ouvindo Deus falar?*". Sua voz está em tudo que nos rodeia: falando, advertindo, treinando, persuadindo e corrigindo.

Vivemos num mundo de ritmo e avanço velozes onde a profissão é avaliada por sua influência e sucesso. Em nossa sociedade hiperativa, passar apressadamente de um projeto para outro comunica aos outros: "Eu sou importante!".

Ter um telefone celular? Isso é normal. Se você possui um celular, um PDA[a] *e* se o celular sem fio estiver ligado a um aparelho *Bluetooth*[b] pendurado em sua orelha, você deve ser *realmente* importante!

Todavia, com todos os nossos aparelhos de "escuta", será que sabemos de fato ouvir?

Somente uma coisa

Uma doença comum hoje em dia é o que os médicos chamam de Distúrbio de *Déficit* de Atenção (DDA). Descreve uma pessoa cuja atenção é de curta duração e que facilmente se distrai. Um fenômeno similar é conhecido no linguajar cristão como Distúrbio de Atenção *Espiritual...* ou DAE. Todos nós somos propensos a ter essa doença. Ninguém está imune ao ataque do DAE.

---

[a] PDA ou *Handheld* (Personal Digital Assistant ou Assistente Pessoal Digital) é um computador de dimensões reduzidas, dotado de grande capacidade computacional, cumprindo as funções de agenda e sistema informático de escritório elementar, com a possibilidade de interconexão pessoal e uma rede informática sem fios para acesso a correio eletrônico e Internet [N. do T.].

[b] *Bluetooth* é uma tecnologia de baixo custo para a comunicação sem fio entre dispositivos eletrônicos a curtas distâncias [N. do T.].

O único remédio é seguir a primeira Regra do Sucesso: OUVIR. Não há nenhuma pílula ou antibiótico que possamos ingerir; temos de resolver isso com disciplina. A pessoa com a qual podemos aprender uma lição de vida é uma mulher chamada Maria, mais conhecida como a irmã de Marta. Por meio de um instantâneo de sua vida, podemos aprender a sintonizar nossos receptores com a eterna voz de Deus.

A história de Maria é uma das mais queridas da Bíblia. Maria e sua irmã, Marta, moravam juntas, serviam juntas e passavam a maior parte da vida delas uma ao lado da outra. Elas eram idênticas em quase todas as coisas, exceto em uma: ouvir.

Caminhando Jesus e os seus discípulos, chegaram a um povoado, onde certa mulher chamada Marta o recebeu em sua casa. Maria, sua irmã, ficou *sentada aos pés do Senhor, ouvindo a sua palavra.* Marta, porém, estava ocupada com muito serviço. E, aproximando-se dele, perguntou: "Senhor, não te importas que minha irmã tenha me deixado sozinha com o serviço? Dize-lhe que me ajude!". Respondeu o Senhor: "Marta! Marta! Você está preocupada e inquieta com muitas coisas; todavia *apenas uma é necessária.* Maria escolheu a boa parte, e esta não lhe será tirada" (Lucas 10.38-42; grifos do autor).

Apenas *uma coisa* era necessária. Maria escolheu-a (e você também pode fazer o mesmo): ouvir o Senhor. Entretanto, a atitude de ouvir não acontece automaticamente. É uma escolha, uma decisão consciente.

Levantando líderes que ouvem

Uma de minhas atividades favoritas é ensinar no Pacific Rim Bible College em Honolulu, Havaí. Hospedamos, entre outros, muitos jovens graduados na escola secundária procedentes de todas as posições sociais. Os alunos chegam alvoroçados, cheios de energia e novos sonhos. Você pode ouvi-los vindo pelo corredor em direção à sala de aula, precedidos pelo ressoar de risadas interrompidas com tagarelice sem propósito. Algo, porém, acontece quando eles se acomodam em suas respectivas cadeiras de curso superior. É provável que seja a atmosfera da sala de aula — certa vez suspeitei que fosse o ar-condicionado! Seja qual for a causa, quando a aula se inicia, o movimento diminui, os olhos perdem a expressão, o pensamento se dispersa, e eles parecem entrar em um estado de "educação suspensa".

Lembro-me de um período de aula no qual esse fenômeno aconteceu. Parei no meio de minha palestra, convidei para um intervalo e pedi que todos os alunos se sentassem eretos. Com uma ordem em voz alta, disse-lhes:

— Onde vocês estiverem, *ergam-se*!

Eles expressaram um riso nervoso, que na linguagem estudantil significa: "Acho que foi engraçado, mas não sei por quê".

Expliquei-lhes:

— Cada um de vocês tem a responsabilidade única de se oferecer como uma "pessoa" desperta, vibrante e cheia de energia àqueles que estão ao seu redor. Ninguém pode fazer isso por vocês. Chegar e se apresentar não é suficiente. Podemos da mesma forma encher a sala com cadáveres! Vocês devem induzir sua mente, coração e vontade a ouvir! Se não estiverem aqui por completo, de corpo e alma, serão tidos como *ausentes*!".

Você está ouvindo?

Quando foi a última vez que você se assentou aos pés de Deus para ouvir mais do que falar? Entenda, precisamos ouvir mais dele do que ele ouvir de nós! O modo como Deus criou nossa anatomia é um bom lembrete de que devemos ouvir duas vezes mais do que falar, porque ele nos deu dois ouvidos e uma boca. Todavia, muitas vezes nos tornamos negligentes. Na verdade, na porcentagem em que muitos de nós nos comunicamos, deveríamos ter duas bocas e somente a metade de um ouvido!

"Maria *escolheu* a boa parte, e esta não lhe será tirada" (Lucas 10.42; grifo do autor). Ouvir é uma escolha que devemos fazer, pois não acontece naturalmente. Estamos muito ocupados. Tenho de confessar que com muita freqüência eu me identifico mais com Marta do que com Maria. A minha tendência é ficar ocupado demais para ouvir. Você também é assim? Convido-o a se sentar, assim como Maria fez, e aprender a sabedoria indispensável. O mundo dá muitas fórmulas para o sucesso: *Os cinco segredos do sucesso instantâneo* ou *Um meio rápido de poupar tempo, v. 2*. Mas a verdade é que há somente *um* caminho para o sucesso. Maria descobriu isso. Deus o entregou a nós. Aprender a ouvi-lo é a primeira Regra do Sucesso e é o único caminho para ter uma vida bem-sucedida!

O primeiro passo é a prática simples de aprender a...

OUVIR

O único modo de ouvi-lo é sintonizar sua freqüência. Entenda, Deus envia mensagens claras a você e a mim a cada segundo do dia. Tudo o que temos de fazer é reduzir a marcha, parar, aquietar-nos e ouvir. De outro modo, como a atarefada Marta, ele pode estar diante de nossos olhos e ainda assim o perderemos de vista!

> Respondeu o Senhor: "Marta! Marta! Você está preocupada e inquieta com muitas coisas; todavia apenas uma é necessária. Maria escolheu a boa parte, e esta não lhe será tirada" (Lucas 10.41,42).

A oração é mais do que apenas falar com Deus, como um tagarela ocupado com atividade espiritual. É uma estrada de mão dupla em que falamos com Deus, *mas também o ouvimos*.

Uma estrada de mão dupla

É ouvindo que conseguimos conhecer o coração do Pai. Normalmente, chegamos diante dele com nossa enorme lista de itens: "Abençoa-me com... Transforma fulano... Transforma fulana... Dá-me uma esposa... Por que me deste uma esposa?!".

Completamos nossa lista de pedidos, convencidos de que tudo está anotado na agenda do Altíssimo. Mas nunca conseguimos conhecer o *coração* dele! Jamais poderemos conhecer alguém de verdade até que ouçamos essa pessoa.

Muitas vezes fazemos orações neuróticas, pensando que são normais. Entretanto, nem mesmo falamos desse modo com outras pessoas. Por que deveríamos agir assim com o Altíssimo?

Como responderia se um amigo ligasse para você e dissesse: "Oi! Como vai? De qualquer modo, deixe-me contar-lhe como foi *meu* dia e permita-*me* dizer-lhe também do que *eu* preciso. Minha esposa não está passando bem de novo e meus filhos estão todos malucos. Ontem fui ao posto de gasolina. Você consegue acreditar no preço do galão atualmente?! Eu não! Chequei meus pneus e levei-os para reparo. Em todo caso, ore por minha família; eles de fato precisam ser mais unidos. Tá bom, acho que é isso. Sim, isso é tudo. Obrigado. Até logo".

Antes que você consiga dizer-lhe uma palavra, ele desliga o telefone. Quando sua esposa perguntar:

— Quem era?

— Oh, era o Roy — você responde.

— Ele é legal? — ela continua.

Sua resposta?

— Sim, mas ele é estranho... quero dizer, muito estranho!

Jamais agiríamos assim ao conversar com nossos amigos, mas é o que todos nós com muita freqüência fazemos com Deus. Pensamos que quanto mais rápido orarmos mais espirituais seremos.

Oramos, mas nunca ouvimos. E nunca conseguimos conhecer o coração de Deus.

Stanley: a poltrona QB

Existe uma história clássica de Stanley, a poltrona *quarterback*.[c] É o último tempo do jogo, o placar é de empate e Stanley está no meio de uma partida difícil. Ele berra com a esposa:

— Ei, Alice! Me traga outra cerveja. Não posso sair dessa cadeira, pois o jogo está empatado justo agora no final. Depressa, traga-me outra cerveja!

Ela responde com outro berro da cozinha:

— Stanley, você não sabia que o cano da água quebrou ontem?

— Só me traga uma cerveja! — ele grita de novo.

— A propósito — ela acrescentou —, a água escorreu para o primeiro andar e a nossa cachorra, Fluffy, foi eletrocutada.

— Ei, pare com essa tagarelice e me traga outra cerveja — diz Stanley, grudado na tela. — Oh, não, outro *touchdown*![d]

— Ah, Stanley, o veterinário disse que ela ficará bem, mas seu pêlo vai cheirar pra sempre a carvão queimado.

— Oh, pelo amor de Deus! — grita a poltrona *quarterback* — só me traga essa cerveja! E aproveitando que está aí, traga algumas batatinhas fritas também.

— Bom, Stanley, o encanador veio e consertou o cano por 2 mil dólares. Ele disse que ficou feliz porque o cano quebrou, pois agora tem condições de sair de férias.

— Alice, *o que* faz você demorar tanto?

Alice finalmente revela o segredo:

[c]   *Quarterback* é a posição de zagueiro no futebol americano [N. do T.].
[d]   *Touchdown* é o gol no futebol americano [N. do T.].

— Stanley, o encanador está saindo de férias para o Taiti amanhã e me convidou para ir com ele. Adeus, Stanley. Estou deixando você.

— Alice — Stanley grita —, por que está demorando tanto? Sabe o que está errado nesta casa? Ninguém escuta!

O fato realmente trágico na história de Stanley é que isso acontece repetidamente. Nunca podemos saber o que se passa dentro de alguém até que aprendamos a ouvir. É uma das regras indispensáveis para relacionamentos bem-sucedidos.

Cultura da queixa

Robert Hughes, crítico de arte, escreveu um livro sagaz sobre a sociedade americana, *Culture of Complaint: A Passionate Look into the Ailing Heart of America* [Cultura da queixa: um olhar apaixonado para o coração machucado da América]. A tese do livro é que vivemos em uma sociedade na qual nos sentimos com direito à realização de todos os desejos. Não importa o que queiramos, precisamos conseguir. Não importa o que desejemos fazer, precisamos ser capazes de fazer. Esse é o nosso direito de primogenitura. Quando não conseguimos, assumimos a condição de "vítimas", pois pensamos que todo mundo está em débito conosco.

Essa cultura da queixa influencia nosso modo de pensar, nossa fé e nossa oração. As orações mais parecem ordens a um gênio da lâmpada, que deve tornar realidade cada um dos nossos desejos.

Não estamos atentos à vontade de Deus. Estamos muito ocupados em falar-lhe da nossa![1]

---

[1] New York: Warner Brooks, 1994.

Aquiete-se, meu coração!

A Escritura diz: "*Parem* de lutar! *Saibam* que eu sou Deus!" (Salmos 46.10; grifos do autor). É ficando quietos que conhecemos a Deus. É ouvindo e esperando por sua voz que começamos a escutar seu coração.

O autor M. Basil Pennington, em seu livro *A Place Apart* [Um lugar separado], usou a metáfora de um lago tranqüilo para representar nossa alma:

> Quando o lago está tranqüilo e atiramos nele uma pedra, os efeitos de sua entrada na água formam ondas que podem ser vistas por toda a superfície. Mas, quando a água do lago estiver agitada — quando a água já estiver em movimento —, a chegada daquela pedra não será percebida. Onde o vento já perturbou a água, a pedra não provocará qualquer mudança, pois ficará agora perdida no movimento frenético da superfície.[2]

Deus diz: "Quero que minha palavra seja como uma pedrinha caindo dentro de um lago sereno. Quero que ela influencie você e reverbere através de toda sua vida".

Ouvir pode incluir nossas súplicas e pedidos, entretanto devemos ter uma postura de treinar nosso coração para ouvir e desenvolver a quietude. Pare de falar e comece a ouvi-lo: "Senhor, o que estás dizendo sobre meu casamento? O que estás falando ao meu coração? Minha atitude? Minha ira? Minha insegurança?".

Em silêncio na presença de Deus, ouvindo sua voz, eu começo a entender... eu começo a *conhecer* seu coração e sua vontade. Fui poupado de dores e sofrimentos durante muitos anos pelo simples fato de ouvir. Isso me ajudou a ver as pessoas com mais clareza, mudando da posição de vantagem pessoal em que me encontrava para a posição em que *Deus se encontra*!

---

[2] Liguori: Liguori Publications, 1998.

Uma vez que se descobre o valor de ouvir, a sabedoria começa a entrar no coração. Você pode falar, falar e falar, mas até que aprenda a ouvir não terá conhecimento. Pare de lutar e entenda.

Ouça e cresça

"De fato, acalmei e tranqüilizei a minha alma. Sou como uma criança recém-amamentada por sua mãe; a minha alma é como essa criança" (Salmos 131.2). Deus compara nossa alma a uma criança serena que acabou de ser desmamada. Uma criança desmamada é diferente daquela que não o foi. Observe crianças que ainda não foram desmamadas: cada vez que a mãe passa o bebê para o colo de alguém, ele fica impaciente e bravo. Como pais, nós nos sentimos amados, pois fica óbvio que o filho quer somente a nós. No entanto, não podemos carregá-lo para sempre — ele ficará muito grande para isso! A criança *tem* de ser desmamada.

Em seu livro *Love Beyond Reason*, John Ortberg explica isso muito bem:

> A criança que ainda não desmamou faz bastante barulho. Ela descobre que o barulho acaba trazendo a satisfação para o seu desejo. Mesmo que isso não aconteça, o barulho em si parece causar um certo alívio. Ou, pelo menos, deixa os outros tão infelizes quanto aquele que o está produzindo.
>
> O bebê desmamado, no entanto, aprende que a presença da mãe vai além da gratificação imediata. Ele consegue ficar em silêncio. Descobre uma nova forma de se comunicar com a mãe e estabelece com ela um relacionamento inteiramente novo. Agora a mãe é mais do que simplesmente alguém que existe para satisfazer suas necessidades, para matar sua fome [...]. Desmamar significa aprender a viver em silêncio com desejos não satisfeitos. É um sinal de maturidade.[3]

---

[3] Grand Rapids: Zondervan, 2001.

A criança desmamada experimenta um novo tipo de liberdade. É a libertação da dependência como principal fonte de segurança e da crença no que outros dizem quando o avaliam. Você fica livre de cometer erros duradouros que causam sofrimento nos momentos de desgosto passageiro. O processo de ser desmandado só acontece quando aprendemos a aquietar o coração. Deus torna-se mais do que simplesmente alguém que satisfaz meus desejos. Ele se torna a influência mais importante para toda a vida. Ouvir é uma escolha que denota maturidade. É o primeiro passo para cumprir essa indispensável Regra do Sucesso. Por isso você deve...

OBEDECER

O segundo pré-requisito para ter ouvidos que ouçam e alma que se aquiete é *obedecer* quando Deus fala.

Na carta aos hebreus, a palavra "ouvir" inclui também uma expectativa não mencionada de *obedecer*. Os israelitas entendiam a importância de ouvir *e* obedecer simultaneamente. Para Deus, os dois termos são a mesma coisa.

Escutando = Ouvindo + Obedecendo

Cresci num lar cuja educação era em regime militar, com um pai que era primeiro-sargento. Éramos disciplinados de um modo verdadeiramente duro: ele descia o chicote e nós víamos estrelas!

Durante minha adolescência, uma frase freqüentemente repetida se tornou familiar para mim: "Se você não ouvir, eu vou bater com a cinta!". Papai não só estava me dizendo para *escutar* suas palavras; ele estava me ordenando a *obedecer* às suas palavras!

Cada um de nós, entretanto, tem a tendência de ser arrastado pela própria estupidez, e a capacidade de ouvir e obedecer fica embotada. Acontece inconscientemente, e tal invasão vai gradual e seguramente assumindo o comando. Como ferrugem que consome uma bicicleta sem uso, essa estupidez acaba logo deixando-nos com algo que não serve para nada, exceto para ser lançado fora. Aconteceu no deserto com os israelitas, cujos ouvidos se tornaram entorpecidos para a voz de Deus. Talvez ouvir seus mandamentos continuamente tenha se tornado uma rotina... qualquer que tenha sido a razão, eles perderam o privilégio de ouvi-lo.

Esse embotamento é uma tendência natural a que você deve resistir conscientemente. Persista com um coração vigilante para ouvir e obedecer.

Escreva!

A cada três meses mais ou menos, eu separo um tempo para escrever o que creio ser Deus falando a mim nesse período da minha vida. Anoto as áreas que precisam melhorar. Faço uma lista dos principais alvos que preciso alcançar e relaciono o que sinto que Deus está pedindo para podar em mim. Procuro ser tão específico quanto posso. Revejo essa agenda semanalmente até completar o que penso que Deus está pedindo.

Lembre-se: uma vida de fé é edificada com ação; uma vida de temor é edificada evitando-se a ação.

Cada um de nós deve resistir de modo consciente à entropia, uma espiral lenta e constante de distúrbio e falta de propósito. A entropia fará que sua vida seja arrastada por um conjunto aleatório de atividades e repetições sem significado, mas ouvir e registrar as direções e instruções que você recebe de Deus pode reverter sua tendência de viver como vítima da vida.

Escrever aquilo que Deus fala ajudará você a desenvolver ouvidos aguçados para reconhecer sua voz.

"Sintonizando" com Deus

Há alguns anos, compilei uma coleção de cartas que escrevera para meus filhos enquanto viajava durante a infância deles. Sentava-me e escrevia-lhes uma lição para que mais tarde pudessem ler lições de vida que eu intitulava *Jóias do caminho*. Em uma carta para minha filha Amy, escrevi:

Querida Amy,
Recentemente nos mudamos para nossa casinha em Hilo. A vizinhança é pacífica, exceto por um cachorro chato da casa ao lado apaixonado por seu próprio latido. Ele começa a perturbar às 21h30 e continua até as 5h da manhã. A hora em que me levanto de uma noite sem dormir é a hora em que ele se enrosca para desfrutar de uma manhã de descanso. Tenho vontade de ir furtivamente até a casa dele e latir também até tarde da noite!

De início fiquei tão irritado que comecei a pensar em uma maneira de pôr um fim silencioso e efetivo naquela criatura. Mas depois de arremessar algumas pedras, proferindo palavras de ira, minha frustração declinou o suficiente para permitir que eu voltasse para a cama. Com o passar do tempo, comecei a me acostumar com aquele cachorro endemoninhado. Após alguns meses, nem mesmo percebia mais o seu latido. Fiquei imune a ele. É maravilhoso que o tempo faça você ignorar alguma coisa.

Por outro lado, sua irmãzinha, Abby, só tem um ano de idade. Ela ainda chora à noite, mas, embora faça barulho desde que nasceu, isso nunca se torna rotina para sua mãe, pois ela nunca se acostuma. Mamãe acorda de um sono profundo ao primeiro choro de Abby... bom, na maioria das vezes! Ela pode também discernir o som da voz de Abby num quarto cheio de gritos de crianças. Sua mãe nunca permitiu que os gritos de Abby se tornassem rotina; cada vez que isso acontece, ela parte para a ação.

Eu me pergunto se não temos ouvido a voz de Deus mais como o latido de um cachorro do que como o choro de um bebê.

Se eu lutar contra a voz dele por um bom tempo, meus ouvidos acabarão ficando entorpecidos. Mas, se aprender a responder à sua voz toda vez que ele falar, ela se tornará mais clara, pura e distinta. Ouvirei sua voz à noite, em uma multidão, no meio do mundo, ou às 2h da madrugada.

Amy, quando Deus falar, não jogue pedras. Não permita que a voz dele se transforme em rotina. Se isso acontecer, ele cessará de falar e você não mais será capaz de ouvi-lo. Então continue...

ouvindo e obedecendo,

Papai.

Jesus disse em João 14.21: "Quem tem os meus mandamentos e lhes obedece, esse é o que me ama. Aquele que me ama será amado por meu Pai, e eu também o amarei e me revelarei a ele". Deus está dizendo que, se você ouvir verdadeiramente, poderá conhecê-lo. Ele se revelará a você. É quando temos seus mandamentos *e também os guardamos* que expressamos o verdadeiro amor. Quando o verdadeiro amor está em ação, Deus é capaz de confiar a nós mais dos tesouros de seu Reino. Tudo começa com um coração sintonizado e que obedece instantaneamente à voz de Deus.

Mais como Mike

Quando eu estava no seminário, responsabilizaram-me pelo dormitório masculino. Do outro lado do corredor em frente ao meu quarto, ficava um outro aluno, Mike. Agora ele é pastor, mas naquela época oscilava em algum lugar entre a dúvida e a loucura.

Todos pregávamos peças uns nos outros, mas Mike se ocupava em tramar maldades.

Tudo começou um dia depois da escola. Ele se escondeu no armário de vassouras da cozinha. Quando passei com meus livros e cadernos sem saber de nada, deu-me um banho de água gelada.

Levantei-me cedo na manhã seguinte. Meu objetivo não era vingança. Era simplesmente fazer justiça.

Ao retornar do banheiro masculino, Mike dirigiu-se para o corredor do dormitório e ficou bem no alvo da minha pistola de água. Um jato perfeito atingiu sua testa. Isso me fez sentir como Davi deve ter-se sentido quando venceu Golias! Quando ele se deu conta, eu já tinha voltado para a segurança do meu quarto, atrás da porta trancada.

O desfecho final veio mais tarde naquela noite. Escutei alguém rindo do lado de fora da porta, e eu sabia que Mike estava prestes a fazer alguma maldade. Aproximei meu ouvido da porta e pude ouvir suas risadas abafadas do lado oposto de onde eu estava. Enquanto tentava calcular seu plano corrupto de vingança, senti uma estranha sensação em meus pés. Olhei para baixo e percebi que não somente minhas meias estavam molhadas, mas todo o carpete do meu quarto foi ficando gradualmente ensopado.

Tomado de ira, explodi: "Seu idiota!". Começamos a discutir, e isso resultou numa briga séria. Só acabou com Mike me xingando, girando os calcanhares e saindo furioso, pisando duro.

Levei três horas para limpar a bagunça. A cada minuto torturante eu ficava com mais raiva de Mike. Era quase meia-noite quando finalmente caí na cama e puxei as cobertas.

— Oh, Deus — eu disse —, faça alguma coisa a esse mutante! Queime seu cérebro! Espere, ele não tem cérebro! — Deitei-me furioso, conspirando e orando, até que por fim peguei no sono.

Chamado para despertar

Logo após a 1h da madrugada, alguém bateu à minha porta:

— Ei... Wayne. Wayne, acorde!

— Quem é? — murmurei.

— Sou eu, Mike. Quero falar com você.

— Vá embora, Mike. Eu não quero falar com você. Volte para a cela a que você pertence.

Contudo, ele continuou batendo.

Dessa vez eu gritei com ele:

— *Por que você simplesmente não vai dormir?!*

— Eu não posso — veio a voz cansada detrás da porta. — O Senhor não me deixará dormir.

— Bom, melhor pra você! — repliquei.

Ele disse:

— O Senhor me disse que eu precisava lhe pedir perdão. As coisas que eu disse foram realmente horríveis, e Deus não me deixará ir para a cama até que eu peça perdão a você.

— Ah, cara! — eu disse. — Você está perdoado. Agora vá embora e deixe-me voltar a dormir.

— Obrigado, Wayne! Isso não acontecerá de novo.

Puxei as cobertas sobre a cabeça e me queixei para Deus: "Esse cara é um chato! Por que ele simplesmente não dá meia-volta e vai dormir?".

Foi então que Deus me ensinou uma lição indispensável: "Isto é o que você faz, não é, Wayne? Quando eu falo com você. *Você simplesmente dá meia-volta e vai dormir*. Pelo menos quando eu falo com Mike, ele se levanta e *ouve*".

Há momentos em que a verdade não penetra no coração. Ela explode! E os estilhaços dessa explosão deixaram-me uma marca indelével. Lembro-me de cair de joelhos sobre o carpete ainda molhado e orar o que eu acho ter sido a oração mais difícil que já fiz: "Oh, Deus, ajuda-me a ser mais como Mike".

Tempo de compromisso

Tire um tempo para perguntar a Deus: "Como estou agindo em minhas atitudes? Como estou agindo no relacionamento com meu cônjuge? Meus filhos? Meu chefe? Minha fé?". Por isso, no seu dia-a-dia, escreva quais carências estão sendo supridas neste período da vida em cada uma dessas áreas.

Escrevi recentemente sobre como eu precisava investir mais tempo em minha saúde, minha esposa e sozinho com Deus. Esses três itens tinham de chegar a um termo comum. Eu precisava melhorar em tais áreas, portanto teria de cumprir esse *compromisso* em relação ao tempo. Mas tal atitude exigia ouvir a Deus e então pôr em prática o que ele dissesse.

Ouvir *e* obedecer: estes dois componentes caracterizam a definição da palavra "escutar".

E, quando respondemos a Deus com um "sim!" de coração *e* um "sim!" como estilo de vida, não somente agradamos a ele, mas também começamos a experimentar suas recompensas.

EXPERIMENTE AS RECOMPENSAS

"Vigiem e orem para que não caiam em tentação. O espírito está pronto, mas a carne é fraca" (Mateus 26.41).

Orar é tempo de escutar, tempo de ouvir os avisos de Deus e tempo de fazer correções interiores que podem preservar seu futuro. Madre Teresa entendeu isso. Perguntaram a ela por que passava tantas horas em oração — estaria ela listando as necessidades do seu orfanato ou orando pelos pedidos que recebia de todas as partes do mundo? Sua resposta simples foi: "Não". Em vez disso, ela respondeu que passava horas escutando Deus e esperando por seu conselho para que pudesse agir sabiamente.

Escolhendo a vida virtuosa

Escutar ajuda você a viver de maneira sábia. É a Regra do Sucesso que não permitirá que as palavras de Deus passem sem chamar a atenção. Ele conhece seu futuro! Ele sabe o que está na outra extremidade. Ele pode guiá-lo através de tentações que espreitam e (como Mike) esperam para atemorizar você. Escutar pode poupar sua família, seu futuro e até mesmo sua fé. É a regra mais importante para viver de modo bem-sucedido, e os benefícios são inspiradores.

Regra 2

Fique satisfeito
Rei Davi:
quando o suficiente é...
suficiente?

Disse Natã a Davi [...]
"Assim diz o Senhor, o Deus de Israel:
'Eu o ungi rei de Israel e o livrei das mãos de Saul.
Dei-lhe a casa e as mulheres do seu senhor.
Dei-lhe a nação de Israel e Judá.
E, se tudo isso não fosse suficiente,
eu lhe teria dado mais ainda' ".

2Samuel 12.7,8

Quando o suficiente é... suficiente? Quando você terá salário suficiente? Quando terá uma casa suficiente? Qual o tamanho do que é suficientemente grande? Quantos quartos serão suficientes?

Quantas emoções serão suficientes? Quanta carga de adrenalina é suficiente? Quão perto da morte é possível chegar e ainda achar divertido? Quanto de drogas é possível ingerir e sobreviver? Perseguir além do suficiente — é o ciclo desafiador da morte, não é? E muitos não conseguem escapar. Especialmente quando se trata de dinheiro. Certa vez perguntaram ao falecido multibilionário Howard Hughes: "O que é suficiente?". Sua resposta foi: "Só um pouquinho mais!".

O que é suficiente para você?

A resposta a essa pergunta revela muito sobre uma pessoa. Pode exteriorizar desejos escondidos de avareza, insegurança e mesmo ira. Expõe informações íntimas sobre os compartimentos mais secretos do coração. Uma pergunta tão curta, todavia é como um soco!

Sua resposta é "suficiente"?

Quando o suficiente é suficiente para você?

O que poderia fazer de você uma pessoa satisfeita? Um vestido novo? Um carro novo? Um novo brinquedo? Mais dinheiro, mais tempo, mais respeito? Muitos de nós, se fôssemos honestos, responderíamos: "Só um pouquinho mais do que tenho agora e, *então*, ficarei satisfeito".

Cada um de nós é suscetível a um câncer do coração, de propagação rápida e que não é detectável, chamado "doença do mais". O desenvolvimento deste tipo de câncer é diagnosticado pelo sintoma de consumo: um desejo insaciável por mais. As vítimas buscam constantemente por mais do que já possuem. E adivinhe? Essa moléstia ataca a qualquer momento.

Como sabemos? Porque é uma inclinação natural do coração humano... parece que *todos* nós queremos mais. Desejamos mais do que o que já temos. Nunca conseguimos estar plenamente satisfeitos.

A "doença do mais" se alastra, e muitas são suas vítimas: pessoas grandes e pequenas, dos garotos valentões da escola até os bilionários que viajam ao redor do mundo, das donas de casa desesperadas aos pastores submissos. Essa doença não tem predileção. Ela não poupa nenhum de nós.

Uma lição de vida indispensável, então, é descobrir quando o suficiente é suficiente.

A tortura do tudo-o-que-é-possível-comer

Há um restaurante em Waikiki que oferece um bufê de tudo-o-que-é-possível-comer de frutos do mar e *sushi*. Quando as portas se abrem, a fila de pessoas competindo para entrar é algo ridículo! Uma multidão enfileira-se na calçada por todo o trajeto ao redor do quarteirão. Eles dizem sempre: "O tempo de espera é de uma hora a uma hora e meia". Muitos se aglomeram esperando por sua chance nesse evento "festa no céu".

Esses fiéis caçadores de comida sabem que por uma taxa irrisória podem comer... e comer... e comer, empanturrando-se de modo estúpido. Temos um ditado no Havaí: "Não coma apenas até se fartar. Coma até *se cansar*!".

Bem, uma vez dentro do recinto, esses superconsumidores pegam um prato (ou dois, ou três!) e os empilham. Alguns dominam a "técnica arranha-céu": utilizam-se de tiras de cenoura para guarnecer as beiradas! Desse modo podem encher o prato cada vez mais: pernas de caranguejo, camarão frito, tempura de camarão, filé de peixe e *sushi*.

Começa então a comilança. Há um silêncio nos céus por cerca de uma hora e meia enquanto eles se empanturram, cada um no seu canto. O silêncio logo é quebrado com gemidos de aflição:

— *Oh...* Sinto-me tão desconfortável! Estou farto!

— Bem, pare de comer! — você sugere.

— De maneira nenhuma! — replicam. — Eu ainda tenho mais no meu prato!

Eles agarram e engolem mais um pouco de camarão. Enquanto carregam e recarregam, os gemidos aumentam.

— *Ohhhh... eu vou estourar!* — queixam-se, pegando mais camarão frito e afundando-o em um *uramaki* califórnia.

Esse tormento e ranger de dentes nos dá um vislumbre da descrição bíblica daquele lugar que todos estamos tentando evitar! Será que estamos também tropeçando nesse mesmo caminho que segue para o inferno?

É apenas mais um sintoma da "doença do mais".

Quanto é suficiente?

"Só um pouquinho mais!"

Cada um de nós individualmente vai ter contato com essa doença em algum momento da vida. Aconteceu a um dos maiores heróis da Bíblia, um dos meus favoritos — o rei Davi. Ele era um grande líder, excelente general e um rei honrado, mas Davi caiu prisioneiro da "doença do mais".

Olho de espião

No segundo livro de Samuel, encontramos Davi no terraço de seu palácio, contemplando a cidade de Jerusalém. Era uma cidade gloriosa, a jóia da coroa de todo Israel — ali estavam o capitólio e o centro religioso. Anos mais tarde, depois de conquistar os inimigos ao redor que ameaçavam os filhos de Deus, Davi elegeu essa cidade para ser seu lar e fortaleza. Os sonhos a longo prazo de Davi incluíam um filho e herdeiro do trono que um dia construiria um majestoso templo ao Deus vivo. Jerusalém se tornaria na história a Cidade de Davi — um lugar de paz e a menina dos olhos de Deus.

Naquele dia em particular, todavia, a humanidade de Davi prevaleceu. Ele subiu ao terraço para supervisionar tudo o que lhe tinha sido dado. Ei-lo a observar! Seu olho pousou em algo que não lhe pertencia... uma mulher formosa, banhando-se no terraço da casa dela. Ora, não estou muito certo quanto ao que ela fazia tomando banho ali, mas as Escrituras dizem que ele "viu uma mulher *muito bonita*" (2Sm 11.2; grifo do autor).

Chamando um de seus servos, disse: "Quem é aquela jovem, vizinha do palácio?". Ao ser convidada pelo grande rei Davi, essa mulher casada veio visitá-lo. Uma coisa levou a outra, e eles logo descobriram que ficarem juntos apenas uma noite resultou num teste positivo de gravidez.

O marido de Bate-Seba, Urias, líder no exército de Davi, estava longe dali, lutando num campo de batalha estrangeiro. Desse modo, quando a gravidez se tornasse conhecida, ficaria óbvio a todos que Urias não poderia ser o pai. Todos os olhos se voltariam para Davi, pois Bate-Seba fora vista freqüentando o palácio.

Para desviar os rumores, Davi começou a elaborar um plano a fim de fazer com que Urias parecesse o pai daquele bebê que ainda não nascera. Urias foi chamado de volta de suas funções militares para cumprir os deveres de marido em casa, mas recusou-se comprometer sua lealdade e integridade dormindo com a esposa. Recusou abrir mão de qualquer privilégio que a outros soldados não era permitido, e Davi teve de enfrentar seu próprio desejo por *mais*.

Foi aí que Davi arranjou um meio de encobrir o caso e matou Urias.

Sua farsa acabou

Surge o profeta Natã, que passa a contar ao rei uma história. Escondida nesse conto sobre ganância estava a verdade que ajudaria Davi a compreender a questão de seu desejo exacerbado por mais:

E o Senhor enviou a Davi o profeta Natã. Ao chegar, ele disse a Davi: "Dois homens viviam numa cidade, um era rico e o outro, pobre. O rico possuía muitas ovelhas e bois, mas o pobre nada tinha, senão uma cordeirinha que havia comprado. Ele a criou, e ela cresceu com ele e com seus filhos. Ela comia junto dele, bebia do seu copo e até dormia em seus braços. Era como uma filha para ele.
Certo dia, um viajante chegou à casa do rico, e este não quis pegar uma de suas próprias ovelhas ou de seus bois para preparar-lhe uma refeição. Em vez disso, preparou para o visitante a cordeira que pertencia ao pobre" (2Sm 12.1-4).

A ira de Davi se acendeu contra aquele homem rico: "Juro pelo nome do Senhor que o homem que fez isso merece a morte! Deverá pagar quatro vezes o preço da cordeira, porquanto agiu sem misericórdia" (v. 5,6).

Natã apontou para Davi. "*Você* é esse homem!" A artimanha de Davi se desfez ali. Deus revelou tudo.

Embora tivesse sido pego numa rede de tentação e pecado, o coração de Davi era maleável e bem-disposto. As palavras do profeta despertaram-no do seu sono de engano. Caindo de joelhos, ele chorou: "Eu sou esse homem!".

Quando o suficiente é... suficiente?

Davi tinha muitas esposas, conquistara cada um de seus inimigos, governava num reino unificado, morava em um palácio e possuía riquezas sem medida. Deus lhe concedera tudo o que desejava. Contudo, Davi ainda enfrentou a pergunta: "Quando o suficiente é suficiente?".

Todos temos de responder a essa pergunta quando tivermos de enfrentar a tentação do "só um pouquinho mais". O seu "só um pouquinho mais" está na área das finanças, do sexo, das possessões ou dos relacionamentos? Talvez "só um pouquinho mais" signifique mais influência, reputação ou poder.

Qualquer que seja esse nosso "pouquinho mais", ele nos mantém desejando o que *não* podemos ter, apegando-nos a isso com a vida. A "doença do mais" rouba-nos a paz que Deus nos dá.

Qual é nossa melhor linha de defesa? Como podemos imunizar nosso coração para que não desejemos um pouquinho mais? Há três ingredientes que ajudarão a manter o coração vigoroso e forte. Vamos dar uma olhada em cada um desses recursos que ajudam nosso sistema de imunidade espiritual.

GRATIDÃO

Já ouvimos uma mãe repreendendo o filho que acabou de receber um doce: "Como se diz?", ela exige numa escala ascendente da voz. "Como se diz?!"

A criança obedece imediatamente: "Muito obrigado".

Mostrar apreciação é bom, e é o que se espera. Mas a verdadeira gratidão é mais do que um sinal de apreciação depois que se recebe um presente. Outra Regra de Sucesso indispensável é desenvolver um caráter grato.

Gratidão é um estímulo. É diferente de concordar com um corretivo dos pais e mostrar apreço. Apreciação é a resposta que se dá *depois* que se recebe alguma coisa. Gratidão, por outro lado, é o estado do seu coração *antes* que alguém faça algo por você. Inclui agradecimento, mas é muito mais. Isso se desenvolve somente pela descoberta de sua segurança e satisfação em Cristo. Na verdade, o espírito de gratidão muitas vezes se desenvolve em tempos de privação e pobreza, quando você descobre que Deus é suficiente.

Costumo expressar isso assim: Às vezes você não sabe que Jesus é tudo de que precisa até que ele seja tudo o que tem!

Gratidão pela graça

A gratidão tem sua raiz na palavra "graça", que se relaciona com a maravilhosa graça de Deus. Essa palavra única é tão rica que o apóstolo Paulo usou-a em cada uma das epístolas que escreveu ao abri-las *e* encerrá-las: "Que a graça de Deus seja com todos vocês". Paulo entendia pessoalmente o tremendo valor da graça. Na língua original, graça estava relacionada a favor ou dádiva gratuita. Esse "favor" era geralmente imerecido e, portanto, algo *pelo qual jamais conseguiremos parar de agradecer*. A graça contém a mensagem da cruz, a salvação que Jesus Cristo veio trazer a nós, homens indignos. Está baseada não no que queremos que Deus faça, mas *no que ele já fez*.

Assim, quando Paulo abria uma carta ou a encerrava, estava lembrando aos seus leitores que a mais rica palavra dirigida a nós como cristãos é "graça" — a fonte mais completa de alegria.

Você valoriza a graça?

Todavia, uma das mais agudas acusações de Paulo contra nós foi o fracasso em valorizar a graça:

> Porque, tendo conhecido a Deus, não o glorificaram como Deus, nem lhe renderam graças, mas os seus pensamentos tornaram-se fúteis e o coração insensato deles obscureceu-se. Dizendo-se sábios, tornaram-se loucos (Romanos 1.21,22).

Paulo sabia que, quando as pessoas não valorizam a graça e não se tornam agradecidas, são conduzidas ao caminho do erro até que se lhes obscureça o coração. É a estrada certa para o fim errado! Deus nos alerta por meio do apóstolo sobre quanto é importante que sejamos agradecidos.

Você já conviveu com pessoas mal-agradecidas? Elas vivem sob o engano de que têm o direito de "mais!". A comida nunca está boa. O tráfego nunca está como gostariam. Os policiais são inadequados e as autoridades, incompetentes.

Uma de minhas histórias favoritas é sobre um cliente malagradecido em um restaurante local. Chamando o garçom, ele reclama:

— Está muito quente aqui! Diminua a temperatura!

— Pois não, senhor! — respondeu alegremente o garçom — Farei isso imediatamente! — O rapaz afastou-se e dirigiu-se a outra sala.

Minutos depois, o mesmo cliente irado gritou:

— Está muito frio! Mude a temperatura!

— Será um prazer fazer isso, senhor! — respondeu cordialmente o garçom.

Não mais de dez minutos se passaram quando o mesmo cliente levantou a voz pela terceira vez:

— Muito quente de novo!

O mesmo garçom, com paciência de Jó, reagiu animadamente:

— Imediatamente, senhor! Às suas ordens! — e de novo foi para a outra sala.

Quando finalmente o implacável cliente saiu, um outro homem chamou o garçom e disse:

— Aquele deve ser o homem mais mal-agradecido do mundo! Como você pôde ser tão educado com ele? Porque eu já o teria dispensado há muito tempo!

O simpático garçom sorriu e disse num tom de voz baixo:

— Oh, é mesmo, está absolutamente certo. O senhor entende, nós nem mesmo temos ar-condicionado!

A alegria que renova

Por outro lado, você já conviveu com pessoas agradecidas? Elas não são estimulantes? São as pessoas mais joviais do mundo por causa de sua energia. E esse espírito de gratidão positivamente contagiante faz do mundo um lugar muito melhor.

Joey era bebê quando um acidente provocou queimaduras de terceiro grau em todo seu corpo. Aos 9 anos, ele já havia sofrido um total de setenta enxertos e cirurgias plásticas, pois a pele não acompanhava seu crescimento.

Quando Joey estava com 14 anos, alguém perguntou:

— Você não sente como se tivesse perdido sua adolescência? Você passou a maior parte dela no hospital!

A resposta dele reflete um coração agradecido:

— Oh, não — ele disse com um sorriso — Estou vivo, não é? E, para mim, isso é bom demais!

Gratidão significa suficiência

"Gratidão" é uma definição para "suficiente". Quando começarmos a desenvolver um coração agradecido, descobriremos mudanças em nosso vocabulário. Não é mais "Eu *tenho* de..."; é "Eu *vou* a...".

Não é mais "Eu *tenho* de ir à igreja"; agora é "Eu *vou* à igreja!".

"Eu não *tenho* de servir; Eu *sirvo*."

"Eu não *tenho* de retirar o lixo; eu *retiro* o lixo."

Você consegue perceber como a gratidão muda nossa visão de mundo?

Ela torna a vida especial. Insere um raio de luz em nosso viver — não uma Poliana, uma festa-no-céu, uma falsa felicidade, mas uma alegria genuína que vem de observar as coisas de Deus. E, quando somos fiéis a esse tesouro depositado no coração, Paulo diz que nos tornamos sábios. É nesse momento, portanto, que começamos a compreender que o suficiente é suficiente.

É a primeira jóia a ser retirada dessa sabedoria indispensável em nosso depósito interior: compreender quando o suficiente é suficiente. Pratique a gratidão! A segunda imunização para proteger o coração da "doença do mais" é a justiça.

JUSTIÇA

A justiça é um elemento de igual importância porque trata não com *o que* tenho, mas em *como* adquiro o que tenho. O Senhor está *muito* mais preocupado em como consigo as coisas. Como você satisfaz seus mais profundos desejos? Sua vontade? Suas necessidades?

Você sabe que o Senhor é capaz de prover cada uma das nossas carências. Sobre isso, a Escritura diz : "Uma pessoa só pode receber o que lhe é dado dos céus" (João 3.27). Ele nos dá tudo de que necessitamos. Mas podemos também nos afastar do Senhor e tomar nosso próprio caminho.

Ouça o que ele disse a Davi:

> Dei-lhe a casa e as mulheres do seu senhor. Dei-lhe a nação de Israel e de Judá. E, se tudo isso não fosse suficiente, *eu lhe teria dado mais ainda*. Por que você desprezou a palavra do SENHOR, fazendo o que ele reprova? (2Sm 12.8,9; grifo do autor).

Davi usou de artimanhas com o Senhor, mesmo depois de receber tantas dádivas. O Senhor ainda se dispunha a oferecer mais — "eu lhe teria dado mais ainda" —, porém a maneira injusta pela qual Davi adquiriu mais para si mesmo estava longe do plano de Deus para ele.

Mateus 6.33 diz: "Busquem, pois, em primeiro lugar o Reino de Deus e a sua justiça, e todas essas coisas lhes serão acrescentadas". O que isso significa? Simplesmente que, se você buscar as bênçãos contidas na Bíblia, tem de agir do modo como a Bíblia diz. Busque o Reino, mas busque também sua justiça. Então, e somente então, receberá tudo o que o Senhor tem armazenado para você. Porque, quando você o busca desse modo, não terá de lidar com conseqüências negativas.

Tomando cuidado com negócios (particulares)

Deus entende que todos temos apetites e necessidades. Mas o modo como você satisfaz esses apetites e supre essas carências é muito importante para ele. Temos necessidade de companheirismo. Portanto, como você adquire um companheiro? Por meio da justiça. Retenha isto, pois é muito importante: a forma de satisfazer suas necessidades e apetites é por meio da justiça. Se você fracassar aí, sua fé ficará comprometida.

É o que acontece quando uma jovem vê um homem bem apessoado e talentoso que possui muito dinheiro. Certamente ela comprometerá a fé para desfrutar desse relacionamento. Acontece também quando um homem percebe a necessidade de um novo relacionamento porque as coisas não vão bem em casa. Então, em vez de perguntar ao Senhor: "Como posso restaurar meu casamento ao que era antes?", ele compromete sua fé e passa a viver com outra pessoa. E o Senhor diz: "Você está suprindo sua necessidade, mas não em justiça". O Senhor nos chama para a justiça.

Considere a origem

Vivemos numa sociedade consciente da necessidade de uma vida saudável. Todo mundo examina os rótulos para descobrir quais ingredientes um produto contém, qual a porcentagem de gordura presente nele e quantas calorias será necessário gastar depois de comer esse alimento. Deixe-me sugerir que "examinemos o rótulo" não somente de comidas enlatadas da mercearia, mas também das coisas da vida das quais planejamos nos livrar!

Qual é a origem? Como minha necessidade é conhecida? De onde procede minha satisfação? Como posso suprir minhas carências? Elas vêm por meio do meu próprio esforço? Sou cuidadoso? Eu as aceito sem levar em consideração de onde procedem e de quem se originam? Recebo-as somente da mão de Deus? Considere cuidadosamente a origem.

Se eu lhe dissesse: "Aqui está uma garrafa de água mineral Evian.[a] A origem? As fontes Evian, na França". Você a aceitaria com prazer porque procede de uma origem segura.

Se eu dissesse: "Aqui está um pouco de água filtrada do esgoto próximo, que usamos para regar a plantação", você a recusaria totalmente: "De jeito nenhum! Eu conheço a origem. Não me importo quantas vezes você a tenha filtrado. Não vou bebê-la!".

É tão óbvio que consideremos a origem do fornecimento da água que bebemos, mas geralmente não conseguimos perceber quão importante é examinar a origem de nossa vida. É deveras importante levar em conta o fato de examinarmos a fonte, pois a verdade é que o diabo pode dar o que você quiser. Você pode tornar-se rico sem Deus. Milhões de pessoas estão nessas condições. Observe as tentações que o diabo infligiu a Jesus:

> E lhe disse: "Eu te darei toda a autoridade sobre eles e todo o seu esplendor, porque me foram dados e posso dá-los a quem eu quiser. Então, se me adorares, tudo será teu" (Lucas 4.6,7).

O diabo quer que saiba que ele lhe dará todo o seu domínio e glória *se* você comprometer sua fé. Você pode suprir suas necessidades de muitas maneiras, mas, se escolher a justiça, será poupado de qualquer retrocesso futuro. Uma das minhas orações tem sido esta: "Senhor, se não vem de ti, nada tenho a fazer com isso".

Abraham Lincoln era homem de grande eloquência e um renomado comunicador. Antes que se levantasse para falar ao povo

---

[a] Água mineral importada de várias fontes perto de Évian-les-Bains, França [N. do T.].

e mobilizá-lo, ele fazia uma oração impactante: "Sem Deus, eu *devo* fracassar".

O que Abraham Lincoln percebeu e o que estava expressando tão belamente era que ele sabia que podia levantar-se ali e impressionar o povo. Ele não precisava de Deus; podia fazê-lo por si mesmo. Conhecemos muitos políticos — Hitler, Stalin e outros — que agiam assim. Mas o que Abraham Lincoln queria dizer era que, sem Deus, ele *queria* falhar. Mesmo que pudesse impressionar as massas, ele preferia que Deus o fizesse prostrar-se com o rosto no chão caso sua presença não estivesse com ele.

O livro de Salmos diz: "... prefiro ficar à porta da casa do meu Deus a habitar nas tendas dos ímpios" (84.10). Em outras palavras: "Se não vem de Deus, nada tenho a fazer com isso. Mesmo que signifique ser porteiro pelo resto da vida". Que oração corajosa! Provérbios foi escrito pelo homem mais sábio do mundo em sua época, Salomão. Escute suas palavras: "A bênção do Senhor traz riqueza, e não inclui dor alguma" (10.22).

Fonte segura!

Proximidade

O que satisfaz você? Quero dizer, o que *realmente* o satisfaz? Ter mais? Para um cristão, o importante não é ter mais. É estar "próximo":

> Como são felizes aqueles que escolhes e trazes a ti, para viverem nos teus átrios! *Transbordamos* de bênçãos da tua casa, do teu santo templo (Salmos 65.4; grifo do autor).

O salmo 65 é um dos mais preciosos salmos. Foi escrito pelo mesmo homem que pecou com Bate-Seba, o mesmo que matou um amigo para esconder seu adultério, o mesmo que negligenciou o favor de Deus: Davi. Após um tempo de arrependimento, ele foi atraído para perto do Senhor e ficou conhecido como o "homem segundo o coração de Deus" (cf. 1Samuel 13.14). Pouco depois, porém, ele percebeu que o que realmente o satisfazia não era o relacionamento com outra mulher. Era a proximidade de Deus: "Mas, para mim, bom é estar *perto de Deus*" (Salmos 73.28; grifo do autor).

O que Davi quis expressar foi isto: Quando você está perto de Deus, tudo o que não é dele perde o encanto, porque o Senhor é sua riqueza. Para aquele que quer seguir os caminhos de Deus, a satisfação consiste somente numa coisa: estar perto de Deus.

Você pode possuir milhões de dólares, mas, se não estiver perto de Deus, não terá satisfação alguma. Você pode ser o diretor executivo de uma empresa bem-sucedida, mas, se não estiver perto de Deus, não haverá contentamento em seu trabalho. Você pode ser um presbítero em uma igreja ou mesmo um pastor, mas, se não estiver perto de Deus, o ministério não produzirá satisfação.

Seu cartão de ponto espiritual

Alguns de nós temos um relacionamento com Deus que lembra um cartão de ponto espiritual. Você bate o ponto no domingo de manhã. Canta na igreja e ouve o sermão. Pode até orar. Então, bate o ponto de saída e volta à sua rotina regular. E você se pergunta: "O que aconteceu com Deus em minha vida?". Até mesmo o cristianismo pode se tornar uma experiência desagradável se você não estiver perto de Deus.

Deixe as palavras de Davi soarem em seu coração: "Como são felizes aqueles que escolhes e trazes a ti!".

O que satisfaz? Somente uma coisa: estar perto de Deus.

"Estar simplesmente perto de ti!"

Vou contar-lhes uma história sobre minha filha mais nova, Abigail. Quando ela era pequena, tinha o privilégio de dormir em nosso quarto com a mamãe sempre que eu viajava. Mas, quando eu retornava, pedíamos que voltasse a dormir em seu quarto. Ela não se importava que papai estivesse fora de casa viajando porque isso significava dormir numa "cama grande" com a mamãe.

Retornei de uma viajem prolongada ao Japão e rastejei para a cama a fim de desfrutar de um tão esperado e longo descanso. Dentro de poucos minutos, uma menininha estava ao lado da minha cama.

— O que está havendo, Abby? — perguntei.

Com a voz de súplica mais inocente, minha filha disse:

— Posso dormir com você e com mamãe na sua cama?

— Não. O papai está em casa agora. Lembra-se do trato? Agora volte para o seu quarto. — Com isso, virei para o outro lado, pronto para cair no sono.

Eu já estava pronto para entrar no lugar entre o repouso e a inconsciência quando percebi uma presença. Estava se aproximando de mim. Agucei minha atenção e me vi de frente com os dois grandes olhos de minha filha fitando-me.

— Abby! — disse — O que está fazendo?!

— Eu quero dormir aqui! — ela insistiu.

— Não, Abby, vá para o seu quarto. Papai gastou um bom dinheiro por ele, agora use-o!

Sem recuar, ela continuou:

— Então posso dormir no chão, ao lado da sua cama?

— Você não vai dormir no chão; durma em seu quarto!

Sendo um pai compassivo, encaminhei-a para o quarto dela, tranquei a porta do meu quarto e me atirei na cama a fim de dormir.

Levantei-me cedo na manhã seguinte e, quando destranquei a porta do quarto, aconchegado do outro lado, encontrei o vulto de uma criança. Com a metade do corpo coberto por sua manta, ela estava deitada no chão frio, ressonando. Meu coração se enterneceu. Ela tinha encontrado sua maneira de se aproximar o máximo possível do ponto onde sabia estar perto da mamãe e do papai. O chão duro não importava, somente o fato de estar perto de nós.

Ela estava satisfeita.

O que satisfaz você? Se derramar em seu coração proximidade, junto com a justiça e a gratidão, você auxiliará seu sistema de imunidade espiritual contra um ataque do "só um pouquinho mais". E assim, quando alguém perguntar: "Quando o suficiente é suficiente?", você será capaz de dizer: *"Agora mesmo,* porque estou perto de Jesus!".

Regra 3

Viva com Integridade

Nicodemos: expondo-se publicamente

*Havia um fariseu chamado Nicodemos,
uma autoridade entre os judeus.
Ele veio a Jesus, à noite, e disse:
"Mestre, sabemos que ensinas da parte de Deus,
pois ninguém pode realizar os sinais miraculosos
que estás fazendo, se Deus não estiver com ele".*

João 3.1,2

A viso: Esta Regra de Sucesso indispensável vem com uma certa curva. Se não estiver preparado, você pode baixar a guarda. É uma curva boa, mas é uma curva, apesar de tudo.

Revelado ou oculto?

Já ouviu falar de um agente secreto? Uma das mais populares personagens já criadas foi James Bond. Não o reconhece pelo nome? Talvez eu devesse apresentá-lo: "Bond. James Bond". Ou "Agente 007". Como agente secreto misterioso, 007 é capaz de frustrar os planos das mentes mais inteligentes.

Na vida real, há, na verdade, agentes secretos que aparecem como espias para obter informações. A missão deles? Descobrir a verdade enquanto levam uma vida de segredo e engano. Um pouco irônico, mas é exatamente o nome do jogo que fazem: esconder sua própria identidade enquanto descobrem a verdade a respeito de alguém. Isso é vida dupla, identidade dobre.

A curva

E é aqui que a curva surge. Você sabe, havia um agente secreto na Bíblia! Uma vida real, registrada na Palavra de Deus, um espia que levava uma vida de espionagem e engano. A terceira Regra do Sucesso vem dessa personagem sombria, o "discípulo secreto" chamado Nicodemos. A regra?

Exponha logo sua fé publicamente.

Nicodemos teve a grande honra de conhecer Jesus e acreditar nele. Mas também deparou com a extrema agonia de lutar para expor sua fé publicamente. Em essência, ele se tornou o discípulo secreto "007" — incapaz de proclamar sua fé a outros —, pois não era reconhecido pela própria classe a que realmente pertencia.

"E você é... ?"

Conta-se a história de uma mulher que foi submetida a uma cirurgia simples, mas, devido a complicações, morreu na mesa de operação. Ela chegou diante de São Pedro nos portões de pérola e disse:

— Eis-me aqui. Acho que estou morta.

Ele olhou para a extensa lista de registros e não conseguiu encontrar o nome dela. Então respondeu:

— Sinto muito, mas seu nome não está aqui. Presumo que você não esteja morta.

— Mas eu morri!

— Bem, não consegui achar seu nome — São Pedro insistiu.

— Eu lhe direi o que fazer. Você deve voltar! Terá mais trinta ou quarenta anos para viver.

De repente, a mulher viu-se de volta à mesa de operação! Sabendo que iria viver outros trinta ou quarenta anos, ela decidiu que, enquanto estivesse no hospital, faria também uma cirurgia para diminuir a barriga, uma plástica facial, uma reconstrução do nariz e uma lipoaspiração.

A cirurgia foi um sucesso e ela recebeu alta do hospital. Saiu de lá uma senhora muito elegante. Mas, assim que atravessou a rua, um carro em alta velocidade a atropelou.

Quando chegou novamente aos portões de pérola, São Pedro olhou para ela e perguntou:

— Qual é o seu nome?

— Eu estive aqui há pouco — respondeu. — O senhor me disse que eu tinha pelo menos mais trinta ou quarenta anos de vida! O que deu errado?!

— Ah — disse São Pedro. — Desculpe... eu não a reconheci!

O céu reconhecerá você?

A Bíblia realça o fato de que o "agente secreto" em nossa história — Nicodemos — veio a Jesus somente na calada da noite.

Ele queria fazer algumas perguntas ao Mestre, mas não ousava ser visto por ninguém. Escondeu-se.

Nicodemos era fariseu e um mestre respeitado, e ser visto com Jesus arriscaria sua reputação e posição social. Era um crente oculto, um discípulo noturno: o autêntico "Anônimo".

O agente secreto recebe a palavra mais célebre do mundo

É em meio a essa conversa com o discípulo secreto que se encontra o mais importante versículo bíblico. Ironicamente, a Escritura mais citada da Bíblia, João 3.16, com a qual os cristãos se identificam em todos os lugares do mundo, surgiu de uma reunião secreta.

Aqui está essa breve, mas transformadora conversa:

> Havia um fariseu chamado Nicodemos, uma autoridade entre os judeus. Ele veio a Jesus, à noite, e disse: "Mestre, sabemos que ensinas da parte de Deus, pois ninguém pode realizar os sinais miraculosos que estás fazendo, se Deus não estiver com ele" (João 3.1,2).

Jesus pôde ouvir essa pergunta fundamental que afligia o coração do agente secreto, então deixou de lado qualquer conversa evasiva e foi direto ao âmago da questão: "Digo-lhe a verdade: Ninguém pode ver o Reino de Deus, se não nascer de novo" (v. 3).

Em outras palavras, Jesus apontou para Nicodemos e o fez saber que todo o conhecimento que ele tinha da Bíblia não era suficiente. Não bastava apenas conhecer a respeito de Deus, ele tinha de nascer de novo *pessoalmente.*

Agora Nicodemos estava perdido, mais do que nunca. Então ele pressionou Jesus: "Como pode ser isso?" (v. 9). E o Senhor respondeu com os versículos mais célebres do mundo:

Porque Deus tanto amou o mundo que deu o seu Filho Unigênito, para que todo o que nele crer não pereça, mas tenha a vida eterna. [...] Este é o julgamento: a luz veio ao mundo, mas os homens amaram as trevas, e não a luz, porque as suas obras eram más. Quem pratica o mal odeia a luz e não se aproxima da luz, temendo que as suas obras sejam manifestas. Mas quem pratica a verdade vem para a luz, para que se veja claramente que as suas obras são realizadas por intermédio de Deus (v. 16,19-21).

Jesus estava dizendo a Nicodemos: "Não seja um discípulo noturno! A luz veio ao mundo; ande nela!" (Bem, essa é a minha tradução. Jesus falou isso de um modo um pouco mais eloqüente.)

Dentro dessa breve, porém maravilhosa conversa, está a tremenda sabedoria para uma vida bem-sucedida. Sim, ela contém a Escritura mais famosa do mundo. Mas cave mais fundo e você encontrará mais do que isso. Descobrirá que, escondidas nessa transação secreta estão as dimensões claras para uma Regra de Sucesso que pode revolucionar seu destino: como tornar-se um discípulo completo de Jesus.

Vá além do simples conhecimento a respeito de Deus

Se somos verdadeiros discípulos de Jesus, devemos ir além do simples conhecimento *a respeito* de Deus! Observe que os fariseus conheciam Deus; alguns até conheciam Jesus pessoalmente. Passavam a vida inteira estudando sobre Deus em escolas superiores, as Harvards ou Yales da época. Competiam para memorizar as centenas de leis mosaicas e, quanto à graduação, eram conhecidos como as mentes elitizadas da lei. Eles sabiam tudo!

Mas saber *a respeito* de Deus é apenas o primeiro passo. Você tem de avançar! Deve nascer de novo.

Hoje em dia, nos EUA, 40% da nação se considera cristã, mas isso não significa que aproximadamente metade da população se constitua de discípulos completos. Eles podem dizer: "Eu sou cristão. Sei o suficiente acerca de Deus, então não me leve a uma igreja. Estou bem. Ninguém gosta de um 'Jesus excêntrico' ".

De forma bastante interessante, o livro de Tiago diz que até o diabo crê que Deus existe! Não há um só demônio em todo o universo que seja ateu! Eles sabem muito acerca de Deus, mas isso não é suficiente. Saber *a respeito* de Deus sem conhecê-lo de fato é justamente a maior maldição dos EUA. Uma Regra de Sucesso indispensável é viver pela fé.

A fé de Blondin

Durante o século 19, havia um grande acrobata chamado Blondin. Em um dia particularmente importante, ele estendeu um cabo sobre as cataratas do Niágara, atravessou e voltou caminhando sobre elas. Enquanto equilibrava-se lentamente em seu trajeto, mais de 10 mil pessoas começaram a aclamar seu nome: "Blondin! Blondin! Blondin!".

Ele terminou o percurso e recebeu do público delirante uma entusiasmada reverência! O povo bradava e reverenciava seu novo herói. Ele conseguira!

Estimulado pelas aclamações da multidão, ele deu início a sua próxima façanha. Tomou alguns sacos de areia, colocou-os num carrinho de mão e então atravessou a fronteira canadense equilibrando-se na corda fina e tensionada. De novo retornou lentamente por sobre as quedas furiosas e traiçoeiras com o pesado carrinho de mão ainda intacto.

A multidão aclamava com mais entusiasmo do que antes: "Blondin! Blondin! Blondin!".

Ele olhou para seus admiradores e perguntou:

— Quantos de vocês acreditam que eu possa fazer isso de novo?

— Nós acreditamos — eles gritaram — Nós acreditamos!

— Quantos acreditam que eu possa atravessar novamente com esse carrinho de mão?

— Nós acreditamos! Nós acreditamos!

— Então — ele continuou —, quantos de vocês querem atravessar comigo?

Silêncio.

Nem uma única criatura entre o povo estava disposta a entrar no carrinho de mão.[1]

Colocando seu fardo sobre ele

É assim: eu sei que determinada cadeira pode me sustentar, mas até que me assente não *confio* nela. Tenho de ser capaz de acreditar, e isso significa lançar todo o meu peso sobre ela. No momento em que solto todo o meu corpo sobre a cadeira, faço uma verdadeira declaração da minha crença. A fé é isso: momento após momento, dia após dia, decido descansar toda a minha vida nas mãos de Deus. Isso é fé. Qualquer outra coisa é apenas conhecimento intelectual e afirmações vazias.

Foi o que Jesus disse a Nicodemos: ele não poderia entrar no Reino de Deus a menos que confiasse por completo sua vida, identidade, futuro, segurança, passado — tudo — a Deus. Tinha de estar disposto a morrer para o velho homem e tornar-se uma nova pessoa. "Digo-lhe a verdade: Ninguém pode ver o Reino de Deus, se não nascer de novo" (João 3.3).

À semelhança de Nicodemos, você pode perguntar: "Espere um pouco, que negócio é esse de 'nascer de novo'?".

---

[1] Phil CAMPBELL. "Believe It... Or Not?" Michelton Presbyterian Church Bible Teaching Resources. http://www.mpc.org.au/resources/resources/19990822.html (acessado em junho de 2006).

O único meio de entrar

Permita-me explicar com uma ilustração: digamos que as leis de imigração mudaram completamente durante a noite, e a única maneira de alguém se tornar um cidadão norte-americano seja nascer de novo nos EUA. Para alguns isso seria ótimo, mas haveria muitas pessoas que não mais seriam cidadãs. Poderiam argumentar:

— Ei, espere um pouco. Eu nasci no Japão, mas quero ser cidadão também!

— Sinto muito, se vocês não nasceram aqui, não são mais cidadãos.

— O que quer dizer? — perguntariam desesperados.

— Desculpe. Vocês devem nascer aqui, no solo norte-americano.

Eles ainda argumentariam em favor de sua cidadania:

— Mas eu já nasci! Na verdade, já sou adulto. Não posso entrar outra vez num ventre e nascer de novo!

— Sim, isso pode ser verdadeiro... mas é o único modo de se tornar cidadão. Vocês devem nascer de novo.

— É o único meio?

— É o único meio! — chega a resposta segura.

Depois de um momento de hesitação, a pessoa encarregada acrescenta:

— Bem, há um outro meio que pode ser arranjado.

— Ah, e o que é?

— Aquele que é dono do universo preparou um meio.

— Ótimo! Pois é impossível nascer de novo!

— Sim, para o homem isso é impossível — concorda o funcionário —, mas para Deus não é.

A estrada para o céu é um caminho de mão única

Bem, eis o que Deus fez: providenciou um meio. Para nascer de novo, você tem de morrer e retornar à vida nesta nação, o Reino de Deus. Assim, Jesus morreu e retornou à vida por você. Quem não nasceu no Reino dos céus, do qual nenhum de nós procede, o que tem a fazer (você *deve* fazê-lo, pois há somente um meio) é confiar sua vida a ele. Por quê? Porque foi ele quem morreu e voltou a viver em seu benefício.

Jesus é o único capaz de realizar o novo nascimento. É só isso. Assim, se tem de nascer de novo nele, sua vida não lhe pertence mais, mas a ele. Você terá de render-se a ele completamente. Você deve morrer e nascer de novo. Desse modo, não será mais você quem vive, mas ele vive em você.

Agora é como Jesus pensa, não mais como você pensa. É o coração dele, não o seu. É o amor dele, não o seu. Tudo em você se torna novo em Cristo.

Você pode perguntar: "Se nasci de novo em Jesus, então o coração, a vida e a mente dele são meus?". Sim, esse será seu novo e verdadeiro eu.

> "Portanto, se alguém está em Cristo, é nova criação. As coisas antigas já passaram; eis que surgiram coisas novas!" (2Coríntios 5.17).

> "Fui crucificado com Cristo. Assim, já não sou eu quem vive, mas Cristo vive em mim. A vida que agora vivo no corpo, vivo-a pela fé no Filho de Deus, que me amou e se entregou por mim" (Gálatas 2.20).

Vivendo de uma maneira nova

Quando decidimos morrer para o eu e nascer de novo em Cristo, tornamo-nos completamente novos. É como aquela senhora da história contada anteriormente, a quem fora dado mais um tempo de vida e que decidiu tornar-se uma nova pessoa: novo nariz, novo rosto, nova barriga, nova... você percebeu a imagem. Somente quando uma pessoa é nova em Cristo (não as partes do corpo!) *será* reconhecida no céu!

Na verdade, nascer de novo é o único meio pelo qual você e eu podemos entrar, pois não é mais nossa natureza pecaminosa que aparece. Estamos agora identificados em Cristo e temos entrada garantida no Reino de Deus.

O novo nascimento significa que não sou mais Wayne. Ele morreu quando tinha 19 anos. Foi quando nasci de novo. Não é o meu coração, mas o coração de Cristo em mim. Não é mais a minha mente, mas a mente de Deus em mim. Não tenho mais perspectiva própria, mas a perspectiva dele.

Todo aquele que escolhe nascer de novo recebe uma nova natureza. Nosso Criador continua a criar novos homens e mulheres, mas isso é só uma parte da aquisição. Significa que algumas áreas da nossa vida têm de ser restauradas; como um aparelho para endireitar dentes tortos, atitudes antigas não se modificam como num toque de mágica ou de forma instantânea. Mas pelo poder de Jesus nascendo em nós, somos constantemente recriados.

Isso também quer dizer que tenho de morrer para o velho eu e para a carne. O único meio possível que me permite entrar no Reino de Deus é nascer de novo *diariamente*. Se eu deixar que o velho eu retorne e tome o controle da minha vida, não estou verdadeiramente confiando minha vida a ele. Acabo me tornando um discípulo secreto, como Nicodemos.

Jesus lhe deu um novo coração para desfrutar de uma nova vida. Quando você vive a vida dele — pensando com a mente dele, tocando com as mãos dele, amando com o coração dele —, uma nova confiança lhe invade a alma! Há em você um novo brilho e uma completa vivacidade. Na realidade, o Senhor diz que, quando isso acontece, você se torna a luz do mundo:

> Assim brilhe a luz de vocês diante dos homens, para que vejam as suas boas obras e glorifiquem ao Pai de vocês, que está nos céus (Mateus 5.16).

Reduzindo a tentação

Exponha a sua fé publicamente. Isso não é uma charada cristã com pessoas agindo como se fossem cristãs, mas homens e mulheres que são completamente transformados.

E, quanto mais cedo você se expuser, menos será tentado a unir-se ao grupo dos 007. Sempre digo aos meus alunos que se façam conhecidos como aqueles que pertencem a Deus logo no primeiro ano escolar. Isso reduz a tentação. Se você se torna neutro a fim de parecer que segue as tendências da moda, certamente será convidado a lugares aos quais não precisa ir. Escondendo sua nova identidade, você ficará exposto a jogos perigosos de encanto e tentação e à influência dos outros.

Carrego minha Bíblia em público e não tenho qualquer problema em vestir uma camiseta que me identifique como cristão. Pense nisso. Já se passaram décadas desde que alguém me convidou para uma cerveja ou uma diversão! Mas estou satisfeito! Não preciso de tentações e prefiro receber das fontes divinas, não das minhas.

Conta-se a história do capitão de um pequeno barco na fronteira de um país conhecido pelo tráfico de drogas. Certo dia, ele marcou um encontro com a Administração de Combate às Drogas para denunciar algumas atividades. Ele informou que, há três anos, alguns mensageiros, querendo que transportasse droga para os EUA, tinham se aproximado dele.

— Por que você não informou tais atividades há três anos?

— Ah, quando eles pediram no começo, eu fiquei realmente tentado — ele disse. — Simplesmente estava fora de questão.

O oficial pressionou mais um pouco:

— Por que você percebeu que só agora deveria informar?

O capitão do barco respondeu:

— Eu sabia que seria o momento quando eles chegassem mais perto do meu preço.

Expor-se publicamente torna você uma pessoa honesta e pode poupá-lo de tomar decisões que, de outra forma, atrapalhariam seu futuro.

Carros velozes e responsabilidade saudável

Um dia, depois do culto, voltei para casa voando pela auto-estrada. Estava com muita fome, então pisei fundo no acelerador, sabendo que tinha de chegar em casa antes que meus filhos devorassem tudo. Mas, antes que eu me desse conta, um policial atrás de mim acenou e pediu que eu parasse no meio-fio. Pensei: *Oh, não! O quê? Estou com fome!*

Encostei o carro, e o policial avançou na direção da minha janela. Dei uma olhada no banco do passageiro e lá estava minha Bíblia. Oh, não! Então joguei uma revista sobre ela pouco antes de a janela acabar de baixar.

— Sim, senhor? — perguntei suavemente, como um cordeirinho.

Ele me fez a terrível pergunta:

— Você sabe a que velocidade estava dirigindo?

— Não exatamente — respondi envergonhado.

— Bem, você ultrapassou a velocidade permitida — disse ele sem se impressionar.

Senti-me humilhado naquele momento, mas ainda tentei dar uma escapada:

— Qual era a velocidade?

— Noventa quilômetros por hora — replicou. — Isso está bem além do limite.

— Ah, vamos, talvez oitenta, mas não noventa!

— Eu vi você no meu radar — disse o oficial, tão frio quanto podia.

— Bom, então você deve recalibrar o seu radar.

— Não. Ele está certo. Por favor, posso ver sua habilitação?

Finalmente cedi e disse, de forma grosseira:

— Aqui!

— Nome?

— Wayne Cordeiro.

— Sua profissão?

Pensei: *Pronto. Ele me pegou.*

Meio entorpecido, respondi:

— Hmm... pastor.

Ele fez uma pausa por alguns momentos e então exclamou:

— Você é o pastor Wayne Cordeiro? Não posso acreditar! Eu estava agora mesmo escutando você no rádio!

Sempre estragamos tudo, não é? E, quando isso acontece, achamos detestável, pois não é o que realmente somos. Temos de impedir que nossa velha natureza se extravase e mostrar um coração autêntico que diz: "Sinto muito. Eu falhei. Quero realmente representar o Senhor. Por favor, você poderia me perdoar?".

Viva intensamente!

Não existe uma maneira mais notável de viver do que expor sua nova identidade. É uma regra necessária para ser bem-sucedido. Seja um discípulo completo! Você descobrirá que uma nova e total confiança inundará sua vida. Passará a ser nova criatura em Cristo. As bênçãos de Deus convergirão sobre você e lhe darão a garantia de que a vida que possui foi criada por sua causa. Não há outro modo melhor de viver!

Esta é a sabedoria indispensável de Nicodemos, o discípulo agente secreto 007: exponha sua fé publicamente! Assim, Deus será capaz de abençoá-lo além de qualquer coisa que jamais sonhou.

Logo você vai amar a pessoa que se tornou. Isso produzirá uma nova honestidade, uma doce humildade e um saudável senso de segurança. As pessoas reconhecerão isso. Até mesmo o diabo. E mais importante de tudo, o céu também!

Regra 4

Evite a Justiça Própria
Judas Iscariotes:
Escolhas Fatais

*Judas dirigiu-se aos chefes dos sacerdotes
e aos oficiais da guarda do templo e tratou
com eles como lhes poderia entregar Jesus.
A proposta muito os alegrou, e lhe prometeram
dinheiro. Ele consentiu e ficou esperando
uma oportunidade para lhes entregar Jesus
quando a multidão não estivesse presente.*

Lucas 22.4-6

Um professor improvável

Vamos aprender com alguém que parece a pessoa mais improvável na Bíblia para ensinar alguma coisa. Você o conhece bem. Ele é uma das personagens bíblicas mais sombrias, e seu nome é sinônimo de traição: Judas Iscariotes.

Penso que, se Judas pudesse viver de novo, ele agiria de modo diferente, não? Depois de perceber a catastrófica conseqüência de suas decisões (resultando no assassinato de um amigo e no seu próprio suicídio), acho que ele *procuraria* fazer tudo de outra maneira.

E, se pudesse falar, ele nos ensinaria uma Regra de Sucesso indispensável para uma situação que cada um de nós deverá encontrar e conduzir com êxito: lidar com as falhas que observamos em outra pessoa.

O mistério do assassinato

O problema começou quando Judas viu em Jesus algo de que não gostava. Isso o golpeou tão profundamente que ele começou a difamar a reputação do Mestre e até planejar sua morte. O que teve início como uma simples diferença de opinião logo ficou fora de controle. O resultado foi assassinato em primeiro grau. A convicção de que ele estava certo e Jesus errado fez que Judas se tornasse presa de uma doença insidiosa que é invisível e freqüentemente fatal, uma doença que não é percebida por suas vítimas... até que seja tarde demais.

Quando pensei sobre a reviravolta trágica de eventos que pôs fim à vida de Judas, disse para mim mesmo: *Espere um minuto! Judas não era uma pessoa má. Ele foi escolhido por Jesus para ser um do doze discípulos. Não poderia ter sido tão mau desde o princípio! Onde ele errou?*

A conspiração complica

Na busca por uma resposta, pode ajudar voltar à cena do crime. Vamos retornar ao ponto onde as coisas se complicaram para Judas. Esse momento é registrado em Mateus 26, quando Jesus e seus discípulos têm uma discussão. É a única porção das Escrituras que define claramente a justiça própria. Também revela a chave que dá a pista para o mistério do assassinato.

Estando Jesus em Betânia, na casa de Simão, o leproso, aproximou-se dele uma mulher com um frasco de alabastro contendo um perfume muito caro. Ela o derramou sobre a cabeça de Jesus, quando ele se encontrava reclinado à mesa (Mateus 26.6,7).

Uma tradução da Bíblia diz que o perfume valia 300 denários, o equivalente a um ano inteiro de salário. Hoje isso ficaria em torno de 30 mil a 60 mil dólares. Naqueles dias, as pessoas colocavam esse perfume caro em um frasco de alabastro como uma espécie de caderneta de poupança.

O evangelho relata que a mulher esvaziou o frasco sobre a cabeça de Jesus enquanto ele estava reclinado à mesa. E aqui vem nossa pista; atente para a resposta dos discípulos:

Os discípulos, ao verem isso, ficaram indignados e perguntaram: "Por que este desperdício? Este perfume poderia ser vendido por alto preço, e o dinheiro dado aos pobres". Percebendo isso, Jesus lhes disse: "Por que vocês estão perturbando essa mulher? Ela praticou uma boa ação para comigo" (v. 8-10).

Os discípulos se reuniram em uma conferência para discutir um pouco e trocar opiniões sobre os negócios. Os seguidores indignados disseram: "Que desperdício! Nós poderíamos dar o dinheiro aos pobres! Isso é mais espiritual". Outro aumentou a voz: "Não concordo com a maneira de Jesus lidar com o dinheiro.

Ele não está estabelecendo um valor alto o suficiente nem usando o dinheiro sabiamente!". Outro ainda disse: "Nem eu!".

Jesus, porém, ouviu-os resmungando entre si e rapidamente tranqüilizou-os. A perspectiva limitada deles quanto à situação estava certa (ela desperdiçara um perfume precioso), mas "certa" se dissesse respeito apenas à economia. Jesus ajudou-os a visualizar um quadro maior. O assunto era redenção!

Mesmo assim, nem todos entenderam.

Todos, exceto um

Ao ouvirem isso, o argumento e o coração convicto dos discípulos sossegou. Eles foram humilhados e corrigidos. Todos, exceto um. Aqui o plano toma uma trágica direção; aqui está o momento decisivo em que um discípulo recusa-se a demonstrar piedade e se arrepender. Em vez disso, ele escolheu sua própria justiça.

> Então, um dos Doze, chamado Judas Iscariotes, dirigiu-se aos chefes dos sacerdotes e lhes perguntou: "O que me darão se eu o entregar a vocês?". E lhe fixaram o preço: trinta moedas de prata. Desse momento em diante Judas passou a procurar uma oportunidade para entregá-lo (Mateus 26.14-16).

Depois do "encontro para discussão", onze sobreviveram. Eles assimilaram a lição, ouviram as correções de Jesus e seguiram adiante. Todos, menos um. Para Judas, o argumento foi fatal. Ele agora encontrara uma justificativa para sair, ultrajar Jesus e traí-lo.

Estava cheio de justiça própria.

É duro estar errado e ter de ser corrigido. Entretanto, o mais perigoso é quando você *pensa que está certo* e tenta corrigir os outros! Assim, Judas, convencido de sua justiça, quis justificar suas ações. A justiça própria produz um falso senso de autoridade. Dá permissão para difamar outros. Ela "justifica" o desrespeito, que sempre anda de mãos dadas com as palavras proferidas contra uma pessoa investida de autoridade.

GUERRA SANTA

Quando pensamos numa pessoa cheia de justiça própria, geralmente visualizamos alguém presunçoso, arrogante e cético. Mas nem sempre é assim. Os "Iscariotes" também vêm como cristãos embrulhados para presente e enchem nossas igrejas. Se não tivermos a percepção desses "Iscariotes" em nosso meio, eles levarão a melhor sobre nós.

Aconteceu com Paulo, o apóstolo. Ele foi testado em sua fé e, durante seu testemunho, o sumo sacerdote Ananias ordenou que batessem em sua boca. Observe a resposta de Paulo: "Então Paulo lhe disse: 'Deus te ferirá, parede branqueada!' " (Atos 23.3).

Eu gosto de Paulo!

Entretanto, quando um assistente confrontou Paulo, indicando que a pessoa era um sumo sacerdote, ele arrependeu-se prontamente: "Irmãos, eu não sabia que ele era o sumo sacerdote, pois está escrito: 'Não fale mal de uma autoridade do seu povo' " (Atos 23.5).

Eu respeito Paulo.

Até o apóstolo, autor da maior parte do Novo Testamento, recusou o direito de se considerar alguém que estivesse "certo". Ele entendeu que, se agisse assim, estaria se autojustificando.

Justificado pela *jihad*

Você já ouviu a respeito de terroristas que se sentem justificados ao detonar bombas que destroem pessoas inocentes.

Já se perguntou como é possível que se sintam justificados? Por causa da *jihad*. "Jihad" é uma palavra islâmica que significa "guerra santa" ou "cruzada". A *jihad* é travada contra os infiéis, pessoas que não crêem no islã.

E, por terem os muçulmanos extremistas uma religião severa, a *jihad* justifica a morte de outras pessoas a qualquer custo.

Os extremistas justificam a *jihad* se percebem que você é contra a religião, a herança, a terra ou os direitos deles. Quando isso inclui violência — explodir um ônibus, avião ou edifício — isso não somente é justificado, é santo. Nós nos encolhemos de medo, argumentando: "É terrível! Deveríamos infligir penas mais rígidas a tais terroristas!". Embora seja óbvio, estamos cegos para a *jihad* que nós mesmos estamos travando. Entenda, todos compartilhamos da mesma inclinação.

Nossa própria *jihad*

Quando pensamos no erro de alguém, julgamos essa pessoa. Uma vez julgando, damos a nós mesmos permissão para agir. A motivação fundamental é: "Não posso matar você fisicamente, então farei isso com civilidade: matarei sua reputação. Meu julgamento justifica a ação de destruir seu nome. Também cortarei minhas relações com você e me esforçarei para que outros igualmente o façam".

Iniciamos a nossa própria *jihad*. Certamente ficamos horrorizados quando acontece no mundo, mas é perfeitamente aceitável quando ocorre em nossas igrejas e famílias. Matamos uns aos outros, e o fazemos em nome da "justiça".

Parece santo, não é?

Precisamos aprender a sabedoria indispensável de como vencer a justiça própria. Ela é invisível e mortal, capaz de destruir não somente indivíduos, mas famílias, amizades, ministérios, igrejas e comunidades inteiras.

O PÁRA-RAIOS

Então, o que fazer quando temos esses sentimentos? Aqui está outra Regra de Sucesso que conduz ao êxito: descubra em si mesmo alguém que age como um fiel "pára-raios".

No meio-oeste, as tempestades elétricas são comuns e os relâmpagos, constantes. Devido à queda de raios no ponto culminante da área, você verá um típico pára-raios projetando-se do telhado dos edifícios mais altos. Essa haste está em contato com o solo a fim de que, quando o raio bater, os milhares de volts de eletricidade sejam conduzidos para a terra, neutralizando-o. Sem a fixação do pára-raios no solo, o golpe massivo de eletricidade perfuraria o equipamento e fritaria a placa de circuitos do computador.

Precisamos de pessoas que sirvam como pára-raios vivos. Em vez de atacar alguém verbalmente quando estou irritado, dirijo-me ao meu pára-raios e exponho-lhe o assunto conforme consigo entendê-lo. O pára-raios me escuta e envia para a terra toda a tendência destrutiva. Ele ajuda a neutralizar minha ira para que eu não prejudique as pessoas.

Os pára-raios podem escutar e compreender. Permitem que você se expresse e o acompanham pelo caminho de volta a Jesus. Podem reconhecer algum valor na sua perspectiva, mas não deixarão você destratar as pessoas com sua bagagem emocional excessiva.

Os pára-raios são pessoas que nem sempre dizem "sim". Não têm a necessidade profunda de serem aceitas por você. Se tivessem, acabariam carregando suas ofensas, em vez de resolvê-las.

Perigo: carregar as ofensas dos outros

É perigoso carregar as ofensas de outras pessoas. Por quê? Porque, se alguém está ferido, a graça de Deus é suficiente *para ele*.

Deus concede a essa pessoa os suprimentos inesgotáveis de sua graça, proporcionando-lhe cura.

Entretanto, sua graça não está disponível para aqueles que carregam as ofensas alheias, não importa quão leais possam parecer. A graça está à disposição do ofendido, não daqueles que tomam para si as ofensas de outros.

Carregar as ofensas de alguém é como uma doença carnívora — comerá você vivo! As características parecem as de um verdadeiro amigo, mas isso devastará sua vida e a dos que estão ao seu redor.

Por outro lado, um pára-raios ajuda você a carregar seu próprio fardo de um modo que o conduza de volta àquele que leva todos os fardos. Portanto, somente as partes prejudiciais dos relacionamentos são aparadas, e as partes comprometidas aparecerão!

OS MELHORES PÁRA-RAIOS

Quando preciso escolher um pára-raios, minha regra é irmãos com irmãos e irmãs com irmãs. Estabelecer esse limite saudável ajuda você a evitar qualquer ultrapassagem na linha divisória *antes* que a situação saia do controle. Ajuda-o a ficar longe de problemas: marque limites claros antecipadamente.

Uma segunda consideração é saber que tipo de pessoa você quer se tornar.

Quer ser sábio? Tardio para se irar? Conhecido por sua compreensão? Então, esse é o tipo de pessoas que você deve procurar para auxiliá-lo. Tais qualidades, quando vistas em outros, produzirão alguns dos melhores pára-raios e relacionamentos mais duradouros.

Existem três qualidades que eu sempre observo em outros. São aquelas que eu desejo desenvolver em minha vida, e não há jeito melhor do que se deter ao lado daqueles que manifestam essas qualidades!

1. Integridade de coração

Neste caso, integridade pode ser definida como "proteger a reputação daqueles que não estão presentes a fim de ganhar a confiança daqueles que estão". Quando discordo de alguém que não está presente, é fácil falar de maneira áspera e às vezes de forma inapropriada. Levar isso ao extremo, fazendo comentários depreciativos e difamando outros, é exatamente como interromper a respiração.

A integridade diz: "Espere um pouco! Não cabe a mim arruinar a reputação dessa pessoa. Não é certo, até que eu entenda completamente o seu lado da história". Por quê? Porque a Bíblia diz: "Quem responde antes de ouvir [entender por completo] comete insensatez e passa vergonha" (Pv 18.13).

Faça uma investigação e permita que a outra pessoa conte o seu lado da história. Tirar conclusões sobre a reputação, o coração, o espírito e os motivos de alguém sem procurar saber de forma geral todos os fatos seria incorreto. Agir assim revelaria falta de integridade. Mas, por eu honrar essa pessoa, ao descobrir a realidade também honro a Deus e me torno íntegro.

Quando há integridade em você, os que estão presentes dirão: "Você está certo. Eu quero ser assim também!". Se eu acabo com a reputação de alguém que não está ali para se defender, então os que ouvem pensarão: *Uau! Se ele fala mal desse cara quando não está por perto, o que não dirá a meu respeito?!* Entretanto, quando protejo a reputação de alguém que não está presente, ganho a confiança daqueles que estão.

Encontraremos o teste da integridade em algum momento de nossa vida, isso é certo. Então, esteja preparado para saber qual a melhor resposta — refreando julgamentos precipitados ou comentários infundados.

O segundo teste do coração que procuro em meus pára-raios é contundente.

2. Pureza de coração

Nosso coração precisa constantemente passar por um filtro purificador. Muitas vezes ele é obstruído pelos excessos da natureza humana e, como resultado, desenvolve manchas em nossas motivações. Por causa de faltas cometidas não diretamente por nós, tornamo-nos amargos, cínicos, sombrios e mesmo propensos a pecar.

Gosto muito de estar próximo daqueles corações que foram purificados várias vezes, pessoas para quem o "arrependimento" não é uma palavra má, e a confissão não é algo difícil de praticar. Sua percepção é a mesma de Jesus: celestial!

Quero ser assim também!

Entretanto, quando uma situação típica me preocupa, minha reação negativa é o resultado de algo impuro, residindo nas profundezas do coração. Geralmente é uma questão pessoal perniciosa, arraigada e que não foi resolvida. Alguma coisa desperta e irrompe, irritando-me e embaçando meu julgamento.

Aconteceu a Judas. Ele defendeu sua justiça própria: "Este perfume poderia ser vendido por alto preço, e o dinheiro dado aos pobres" (Mateus 26.9). Ele não disse isso por se preocupar com os pobres, mas porque era ladrão; furtava da própria caixa da qual estava encarregado! O que ele de fato estava dizendo era: "Vendam o perfume e me dêem o dinheiro. Eu vou guardá-lo e fingir que dou aos pobres. Primeiro, deixem que eu tire a minha comissão". Sua cobiça fez com que sua indignação irrompesse.

> Pois do interior do coração dos homens vêm os maus pensamentos, as imoralidades sexuais, os roubos, os homicídios, os adultérios, as cobiças, as maldades, o engano, a devassidão, a inveja, a calúnia, a arrogância e a insensatez (Marcos 7.21,22).

Meu momento de Judas aconteceu há alguns anos, quando eu estava em uma festa de despedida de um outro pastor. Ele fora ministro por 40 anos. Fez-se uma coleta entre todos os pastores e igrejas em nosso distrito a fim de honrá-lo e passar às mãos dele como oferta.

Foi anunciado o vultoso total: "Estamos felizes em abençoar nosso querido irmão que nos deixa, com esta oferta de 40 mil dólares!". Todos aplaudiram. Eu fiz o mesmo, mas por dentro eu disse: *Quarenta mil dólares? Esse cara já tem uma casa e um carro, por que ele precisa de 40 mil dólares? Vocês sabem quanto eu poderia fazer no ministério com esse dinheiro? Eu não ganho tanto assim! Na verdade, não vou ganhar tudo isso, mesmo que trabalhe três anos! Isso não é espiritual!*

Os aplausos foram cessando, e eu ouvi o Senhor me chamar: "Ei, Iscariotes!".

Olhei ao redor: "Quem, eu?".

"Sim, você Wayne", ele falou gentilmente. Percebi o que o Senhor dizia e o que acontecera comigo. A cobiça veio à tona; por isso havia ficado indignado: "Podemos pegar esse dinheiro e dá-lo aos pobres".

Caí na realidade! Eu só queria o dinheiro para mim.

Quando fico irado por causa de algum acontecimento ou gesto, é porque geralmente algo prejudicial dentro de mim está se manifestando. Mas, com freqüência, em vez de reconhecer a raiz do problema, eu culpo a outra pessoa, faço dela um réu e lanço ataques de justiça própria. Enquanto isso, evito completamente o verdadeiro problema: eu.

Deus se serve das dificuldades para revelar questões pessoais que não foram tratadas durante anos. Recusamos solucioná-las, mas agora é o tempo. Se não fizermos isso imediatamente, continuaremos a colidir com o teto à medida que crescemos no Senhor. Por quê? Simplesmente porque somos rápidos em ficar indignados com os outros enquanto o problema real está diretamente ligado a nossa alma.

Pode ser a coisa mais difícil entender que o problema, na verdade, é você. É fácil apontar para os outros, identificá-los como o problema. É como a pessoa que tem mau cheiro no corpo. Ela não sente seu próprio odor, mas os outros, sim.

O terceiro teste do coração é, de fato, um desafio, porém completamente vital.

3. O coração de um reformador

Há enorme diferença entre um reformador e um rebelde. Eles parecem semelhantes a princípio, mas acabam em pólos opostos.

O rebelde é alguém que vê o problema e usa-o como justificativa e munição para falar de outros, até difamar e sabotar. O rebelde procura problemas; o reformador soluciona problemas. O rebelde não se dá por satisfeito mesmo que o problema seja resolvido; o reformador se regozija quando há solução. O coração do rebelde se concentra no problema, enquanto o do reformador focaliza a solução e busca rapidamente o melhor de Deus para todos os envolvidos.

Tornar-se rebelde é uma tendência automática no ser humano. Tornar-se um reformador requer disciplina e caráter. Eu escolho o segundo caminho, e minha busca por amigos constituídos da mesma estrutura continua.

Enquanto eu fazia essa escolha, o Senhor me mostrou por que ele escolheu Daniel — pelo fato de ele possuir um espírito diferente, o de um reformador, não de um rebelde: "Verificou-se que esse homem, Daniel, [...] tinha inteligência extraordinária e também a capacidade de interpretar sonhos e resolver enigmas e mistérios" (Dn 5.12). Daniel preferiu solucionar problemas, e isso fez que ele fosse separado e estivesse pronto para ser usado poderosamente pelo Senhor. Escolha ser como Daniel, um reformador preparado por Deus para ser usado de modo notável. É uma das melhores formas de tornar-se grande em seu Reino! Essas três qualidades de coração são importantes para estabelecer pára-raios na vida. Elas são, na realidade, definitivas! Tais amigos ajudarão você a encontrar um lugar no Reino de Deus.

ESCOLHA SUA FUNÇÃO NO REINO DE DEUS

São muitas as funções no Reino de Deus, e você tem de escolher qual delas você vai exercer em sua vida.

Mediante uma série de decisões infelizes, Judas optou pela função mais negra no Reino de Deus. A própria Bíblia lamenta pela pessoa que um dia escolheria desempenhar esse papel: "O Filho do homem vai, como está escrito a seu respeito. Mas *ai daquele que trai o Filho do homem!*" (Marcos 14.21; grifo do autor).

O plano de Deus desde o começo dos tempos foi enviar o Messias para ser traído e morrer na cruz. Esse plano incluía alguém que o traísse. Mas quem seria ele não fora predeterminado. Havia muitos papéis disponíveis no desenvolvimento desse drama: alguns o seguiriam, alguns se afastariam, alguns o apoiariam, alguns se preocupariam com seu corpo, alguns orariam e outros planejariam sua morte insidiosamente.

A propósito, qual desses papéis você vai desempenhar?

Você tem de escolher. Se escolher ser grande no Reino de Deus, você será grande. Se escolher ficar neutro, ficará neutro. Escolha ser um espectador e assim será. Escolha ser um dos que caminham pela vida chutando pedras, e a vida lhe será uma estrada difícil. "Que lhes seja feito segundo a fé que vocês têm!" (Mateus 9.29).

Você é o que outros querem que seja

Há tempos atrás, fui a Denver assistir à equipe da Principal Liga de Beisebol daquela cidade, o Colorado Rockies, que jogava com o Dodgers no Coors Stadium. Eu conhecia um dos lançadores do Dodgers. Ele tinha crescido em Hilo e era membro de nossa igreja, juntamente com sua família.

Sentei-me espremido no meio de cerca de 20 mil torcedores dos Rockies no Coors Stadium. Naufraguei num mar púrpura, a cor da equipe dos Rockies. Parecia que todo o estádio aclamava a equipe "errada", enquanto meus humildes Dodgers estavam, obviamente, em maior número. Toda vez que os Rockies faziam uma boa jogada, era como se o estádio inteiro urrasse em aprovação. Em meio aos barulhentos torcedores dos Rockies, eu tentava um grito tímido e patético: "Não!". Mas você não poderia me ouvir em meio ao rugido de 20 mil torcedores fanáticos da equipe púrpura. Essa competição Davi *versus* Golias continuou durante os primeiros poucos ciclos do jogo, enquanto eu era literalmente subjugado pelo orgulho púrpura.

Depois de algum tempo, comecei a conversar com aqueles fãs entusiasmados dos Rockies e pude entender o motivo de sua empolgação. Quando os Rockies faziam uma excelente jogada, eles se levantavam e gritavam: "Aí! Essa foi boa!".

E eu meneava a cabeça: "É, essa *foi* uma linda e boa jogada".

Foi no quarto ciclo que o contagiante entusiasmo deles me dominou completamente: eu mudei de equipe. Senti muito por meu amigo lançador. Agora eu era um traidor e, quando os Rockies venceram, inflei com o orgulho púrpura!

Um final não muito feliz

Escolha sabiamente quem permitirá exercer influência em sua vida, pois você se torna igual aos que escolhe como companheiros. Essa é outra Regra de Sucesso que pode projetá-lo a uma vida bem-sucedida ou frustrar o seu destino. Escolha a vida!

Os pára-raios tornam-se amigos por toda a vida. Eles vão protegê-lo de danos iminentes e do crescimento sutil da justiça própria. Ajudam-no a ser a pessoa que você sempre quis ser e o poupam de sua própria humanidade.

Eu gostaria de que Judas tivesse tido um pára-raios.

Isso poderia ter evitado as trinta moedas de prata.

Regra 5

Escolha perdoar
Absalão:
um caso de falta de perdão

*Absalão, seu irmão, lhe perguntou: "Seu irmão,
Amnom, lhe fez algum mal? Acalme-se,
minha irmã; ele é seu irmão!
[...] E Absalão não falou nada com Amnom,
nem bem, nem mal, embora o odiasse
por ter violentado sua irmã Tamar.*

2Samuel 13.20,22

A quinta Regra do Sucesso é também uma das mais difíceis. O maior bem para o nosso coração é conhecer o dom do perdão. Quando aprendermos isso, entenderemos o coração amoroso de Deus. E, ao aprender a perdoar, seremos capazes de estender o perdão a outros.

Ironicamente, vamos aprender sobre perdão com alguém extremamente inflexível. Na verdade, esse homem foi assim porque outros foram inflexíveis com ele!

Essa personagem que representa a falta de perdão é um dos filhos de Davi, Absalão.

Pegue uma caixa de lencinhos de papel; vamos assistir a uma novela. A história de hoje tem tudo: um príncipe sedutor, uma mulher enganada, um assassinato no palácio, inveja, intriga e escândalo... termina com um final cheio de suspense! (Homens, esperem, há uma cena de batalha emocionante no final do episódio.)

Permitam que lhes apresente a cativante história de Absalão.

CENA 1: TODOS OS MEUS FILHOS

O rei Davi tinha muitos filhos, e o mais conhecido deles foi Salomão. Seu irmão, Absalão, tinha a reputação de ser um excelente guerreiro. A irmã dele, Tamar, era famosa por sua beleza.

Em outra parte da corte do rei Davi, vivia um meio-irmão, Amnom.

À medida que o tempo passava, Amnom tornava-se obcecado pela meia-irmã, Tamar, até que sua voluptuosa obsessão ficou fora de controle. Num dia trágico, Amnom enganou Tamar ao fazê-la entrar nos aposentos particulares dele e ali a violentou. Mas a tragédia não acabou aí. Jamais acaba. Com seu desejo satisfeito, o "amor" de Amnom transformou-se em repulsa, e ele a rejeitou. Naqueles dias, uma mulher nessas condições ficava marcada, era condenada a nunca se casar e seria forçada a um futuro de vergonha e prostituição.

Absalão, o irmão de Tamar, descobriu que ela fora deflorada. Cheio de ira por causa da injustiça, conteve sua vingança nas profundezas do coração, murmurando: "Seja paciente, minha irmã. Eu cuidarei de tudo".

Por dois anos, Absalão guardou tudo dentro de si, silenciosamente. Mas seu ressentimento, à semelhança de resíduo radiativo, contaminou seu comportamento e mudou sua personalidade. Ele foi ficando entorpecido pelo sentimento de desprezo. E, como você verá, suas decisões acabaram por destruir seu destino.

Vingança: um prato melhor quando servido frio

O dia do acerto de contas finalmente chegou. A família real reunida durante a festa da tosquia de ovelhas era a cobertura perfeita para um assassinato. Absalão acariciou uma mecha de seus cabelos: "Amnom, quero convidá-lo para nossa festa em família".

Amnom ficou aliviado. *Até que enfim!*, ele pensou, *voltei às boas com meu irmão!* E, como uma raposa atraída pela isca de uma armadilha, Amnom aceitou o convite e foi à festa.

Absalão convidou o irmão para um passeio em particular e, enquanto caminhavam, puxou de um punhal e o enterrou no coração de Amnom.

A festa se desfez e logo as notícias da vingança homicida de Absalão chegaram aos ouvidos de seu pai, o rei Davi. Davi sabia que Absalão tinha de ser morto ou expulso.

Expulso!

— Absalão, você deve sair da cidade de Jerusalém!

— O que o senhor quer dizer com "sair da cidade"?! — gritou Absalão — Amnom foi culpado!

Com domínio próprio, o rei Davi respondeu sabiamente:

— Você precisa perdoar.

— Perdoá-*lo*? —Absalão interrompeu. — O senhor não percebe que foi uma injustiça? Não pode subestimar o que aconteceu!

Na história de Absalão predominam o sexo, a vingança e o escândalo entre pessoas do mais alto escalão. A família real virou uma anarquia, e o número de lições de vida que podemos aprender são muitas nesse conjunto de acontecimentos. Mas, acima de tudo, a revolta de Absalão, seguida pela justiça própria, refletia um coração desprovido de perdão.

Antes de cometermos o mesmo erro, vamos esclarecer o que é perdão... e o que não é.

Três coisas que o perdão *não* é:

1. **Perdão não significa que uma injustiça não possa ocorrer.** A necessidade de perdoar é geralmente porque uma injustiça foi cometida. Embora sofra uma ofensa, tenha cuidado para não cometer um erro maior, retendo-a em seu coração. Isso transforma facilmente a injustiça em tragédia. Perdão não é liberar a injustiça; é ficar livre dela para que *você* possa progredir.

2. **Perdão não significa que você tenha de ser passivo ou condescendente com o pecado.** Deus perdoa graciosamente, mas, lembre-se, isso lhe custou tudo! Não há nada agradável (ou fácil) nisso! Quando seguimos seu exemplo, aprendemos que perdoar não é ser complacente com o pecado; é ser justo por causa dele. Isso nos conduz diretamente à idéia final do que o perdão não é...

3. **Perdão não significa que você tenha de comprometer a justiça.** Você não é uma pessoa menos justa por perdoar. Na realidade, esse é o maior sinal de justiça! Perdão nada

tem a ver com abrir mão da justiça; ao contrário, tem tudo a ver com o crescimento nela!

CENA 2: UM MOMENTO DE TENSÃO

Com esses parâmetros claramente estabelecidos acerca daquilo que o perdão *não* é, vamos continuar a saga de Absalão. Ele fora expulso para um lugar equivalente à Sibéria. Alguém poderia pensar que viver lá abrandaria sua ira — o tempo cura as feridas, é o que sempre ouvimos —, mas a ira não resolvida não arrefece com o tempo. Ela queima amargamente como uma úlcera profunda. Outra concepção errada é que a vingança extingue a ira. Não. Na verdade, a amargura de Absalão não foi lavada com o sangue de Amnom... ela estimulou seu apetite por mais.

Três anos mais tarde, Absalão foi readmitido em Jerusalém, mas o relacionamento com seu pai permaneceu distante. Mais dois anos se passaram e eles não se viram nem se falaram. A ira de Absalão ressurgiu: "Como ousa meu pai não me reconhecer! Sou um príncipe, apesar de tudo, e esta é a cidade real!".

Alistando-se como um dos generais do exército de Davi, ele expediu suas ordens: "Convençam meu pai a me chamar e a me abraçar em público. Preciso ser aceito de novo por meu pai, o rei, e ser restaurado publicamente ao posto de príncipe a que tenho direito".

Davi ainda recusou o pedido.

Enraivecido, Absalão põe fogo no campo de trigo do general, pensando: *Agora terei uma resposta!* O general veio rapidamente e interpelou-o:

— O que você está fazendo?

— Quero sua atenção — disse-lhe. — Eu queria uma audiência, mas o senhor não me concederia. Então queimei seu campo.

A falta de perdão fez dele um homem desesperado. Isso leva a decisões infelizes, um desrespeito que parece justificado e uma cegueira causada pela insensatez. No final das contas, gerou um caráter deformado, e foi exatamente o que Absalão se tornara.

"Se *eu* fosse rei..."

Davi finalmente cedeu à explosão de raiva de Absalão, recebendo-o formalmente de volta a Jerusalém. Isso satisfez Absalão? Não. A falta de perdão é insaciável.

Em vez de se arrepender, ele começou a ressentir-se contra seu pai e deu início a uma campanha para tornar-se rei. Toda vez que se encontrava com algum cidadão queixoso do reino, Absalão assegurava a essa pessoa: "Se eu fosse rei, ajudaria você".

Por fim, Absalão teve sucesso em afastar o coração do povo para longe do rei Davi. Sua causa parecia muita justa e sua disposição para melhorar os negócios do reino soava abnegada e nobre, mas os motivos de Absalão eram corruptos e seu coração, insensível. A falta de perdão é terrivelmente difícil de detectar em você mesmo.

Há um velho ditado que nos lembra com sabedoria: "O olho não pode enxergar o olho". Precisamos dos outros para nos ajudar a perceber nossos motivos impuros.

A lição da goteira

Algum tempo atrás, havia uma goteira no telhado de nosso escritório. Uma das telhas mostrava uma mancha que ia aumentando. Você talvez ache que simplesmente poderíamos remover essa telha, encontrar a goteira e fazer o reparo. Não essa goteira. Não podíamos encontrá-la em lugar algum!

Depois de muito esforço (que parecia ridículo e desnecessário), finalmente localizamos a goteira. Ela começava na passagem, do outro lado do prédio. A água encontrara um depósito e, por algum tempo, transbordara ali. Então, achou um fio e deslizou por ele.

Por fim, numa curva, a água, que não poderia mais ficar contida, começou a pingar, exatamente acima do meu escritório. Foi a coisa mais difícil descobrir a origem daquela goteira. Ela estava em todo o prédio! Mas o dano aconteceu em meu escritório, do lado mais distante!

A falta de perdão é assim: aparece nos lugares mais inesperados, e descobrir sua origem é sempre um trabalho difícil. Por exemplo, você pode ficar irado com sua prima e permitir que a falta de perdão crie raízes. Essa mesma falta de perdão vai se manifestar mais tarde no relacionamento com alguém que a lembre. Essa pessoa pode não agir como sua prima, mas se parece com ela ou fala como ela e, lentamente, mas com toda certeza, essa falta de perdão brotará.

O mesmo pode ser verdade se você se recusa a perdoar seus pais. Anos mais tarde, já com meio caminho andado neste mundo, crescido e casado, você ainda carrega o problema. É assim que a falta de perdão trabalha: é uma questão *não resolvida*. E, como uma ferida aberta, a menos que você trate dela e a cure, sempre vai supurar logo abaixo da superfície.

Uma gota de vida real

Deixe-me dar um exemplo da vida real. Uma mulher especial fez parte da equipe de liderança em uma igreja onde eu trabalhava. Ela era notável, mas toda vez que eu sugeria algo em uma reunião, ela sempre argumentava comigo e depois se recusava a aceitar as diretrizes. Não falhava uma só vez. Não importava o que eu dissesse, ela era contra.

Eu tentava convencê-la:

— Ora, espere um minuto, é uma boa idéia!

— Não! — ela dizia, cruzava os braços, e caso encerrado. Se eu tentasse oferecer uma solução diferente, ela ainda encontraria um motivo para rebater.

Ela se casou algum tempo depois, mas o casamento logo acabou em divórcio. Nove anos após esse fato, recebi uma carta: "Querido Wayne, preciso lhe pedir perdão". Ela revelou que um tio a havia molestado quando menina. Um espírito de falta de perdão começara a criar raízes em sua adolescência, e, nos anos seguintes, essa falta de perdão a consumia sempre que a figura de uma autoridade masculina aparecia em sua vida. Pelo fato de ela me ver como autoridade, esse sentimento se manifestava em nosso relacionamento. A goteira que começou do outro lado do seu edifício mais tarde apareceu como gotas ácidas.

A falta de perdão faz sangrar cada área de sua vida e se derrama sempre que houver alguma pressão. Prejudica seu casamento, sua família, seus amigos, sua liderança e seu ministério. É o castigo que desestrutura uma vida bem-sucedida.

Eis a descrição de um amigo ao nosso grupo de aconselhamento. Durante dez anos ele esteve amargurado contra sua ex-esposa depois de um divórcio litigioso. "A falta de perdão", disse, "era como um pequeno frasco de ácido colocado bem atrás do coração. Cada vez que eu me movimentava, ele entornava. O ressentimento brotava de novo. Cada vez que eu me movimentava, ele entornava, queimando meu coração novamente. Eu nem mesmo tinha algo a fazer com minhas circunstâncias atuais. Ele ainda se derramava em tudo o que fazia, transformando tudo em ruínas".

RESSENTIMENTO: RE-SENTINDO A DOR

A falta de perdão, por fim, faz surgir uma metástase de condição permanente chamada "ressentimento".

Ressentimento deriva da palavra latina *resento*. As duas palavras básicas dessa palavra são *re,* que significa "de novo" e *sento,* que quer dizer "sentir a dor de um corte". Não é o corte real, mas o *sentimento* do corte. Juntas, essas duas palavras compõem a palavra *resento*, que é "sentir o corte de novo". Ela permite que você sinta dor repetidamente.

Atenção: O ressentimento sempre destrói o recipiente que o mantém bem mais rápido do que aqueles sobre quem ele é derramado. Gosto de explicar isso assim: "O ressentimento bebe o veneno e espera que a outra pessoa morra".

Uma história incrível de pescaria

Alex Pacheco, um pastor da New Hope, foi pescador por muitos anos. Certo dia, seu anzol maior, o que ele usava para pescar *ahi*, um grande peixe encontrado nas profundezas oceânicas do Havaí, agarrou-se em seu calcanhar e fez um furo profundo. Ele deve ter ficado perto quando a manivela arrastou os anzóis, voando rápido e pegando-o desprevenido. Não somente ele foi fisgado pelo anzol, mas foi quase impossível removê-lo; os anzóis grandes têm uma farpa que ameniza o impacto para que não escorreguem. Isso impede que o peixe escape, não importa a força que ele possa fazer.

A dor era excruciante à medida que o anzol afiado penetrava bem na parte grossa de seu pé. Alex obrigou-se a cortar a linha e voltou para casa a fim de buscar ajuda. Emitiu uma mensagem pelo rádio e, com a informação do médico mais próximo, descobriu que havia um paramédico no corpo de bombeiros. O médico concordou em encontrá-lo no abrigo dos barcos tão logo ele chegasse.

Quando Alex chegou, seu pé já estava inchado. Os paramédicos tentaram puxar o anzol, mas a farpa começou a rasgar sua carne. Tentaram fazer uma incisão na ferida aberta. Sem sucesso de novo. Finalmente perceberam que a única maneira capaz de extrair o anzol seria empurrá-lo para dentro do pé, cortar a extremidade e, então, puxá-lo novamente. Alex fez um hesitante movimento de cabeça e, com muita oração, eles o fizeram.

— Isso não fez que a ferida ficasse pior? — perguntei quando ele me contou a história. — Eles não poderiam ter encontrado outra maneira de tirar o anzol?

Alex ponderou e disse:

— Tentaram de todas a formas possíveis. E, mesmo que a ferida tenha ficado pior, uma coisa ficou clara: eles *não* iam deixar o anzol ali dentro!

É assim que devemos ver a falta de perdão: ela *tem* de sair! Mesmo que cause mais dor para ser extraída, *não pode* ser tolerada. Se deixá-la supurar, ela obstruirá o plano de Deus para sua vida.

Perdoar é o melhor projeto para sua saúde física, impedindo que as gotas ácidas infeccionem o seu interior com estresse. É também o melhor projeto para a saúde emocional, impedindo que seus relacionamentos sejam desfeitos.

Você ficará livre das lembranças do seu ressentimento. E o plano para sua saúde espiritual é garantir que tenha a promessa futura do que Deus planejou para você. Se não perdoarmos, nossa vida gradativamente mostrará sintomas sutis. Como Absalão, recusar o perdão resultará na destruição de cada área da nossa vida: física, mental, emocional e, acima de tudo, espiritual.

Quando algo acontece — seja um erro percebido, seja um erro real —, se você não perdoa, *ficará* aprisionado ao seu passado. Um ferimento funciona como um cabo de aço muito forte que serve para ancorar grandes navios no quebra-mar; é necessário, quando estiver na doca, ancorar para se manter. Se tivesse de sair para navegar com o cabo de aço prendendo você, primeiro isso o faria andar devagar. Mas, se você ainda tentasse navegar depois disso, o cabo da âncora arrancaria um pedaço do seu navio. Mesmo a mais forte embarcação não pode navegar com uma perfuração enorme no casco.

A princípio, o ferimento é uma resposta necessária que nos ajuda a sobreviver de um modo saudável — é um alerta de que algo está errado em determinada situação. Entretanto, se não nos livrarmos da ferida, tratando-a de maneira que haja cura, permaneceremos ligados a ela. No início você só vai andar devagar, mas no final ela lhe arrancará um pedaço e colocará em risco todo o seu ser!

Perdoar é o único jeito de soltar aqueles fortes cabos de aço e livrar seu coração de ser rasgado e marcado. Faça isso rapidamente! É uma regra necessária e vital.

Algumas pessoas contrapõem: "Mas você não sabe o que me aconteceu no passado! É muito difícil perdoar! Não consigo tirar isso da minha mente".

Aprisionado pela dor

Se essa é sua realidade, então você está aprisionado pelo ressentimento que o faz manter vivo em sua mente esse acontecimento pernicioso. É *resento*, o sentimento do antigo corte. A diferença é que a mágoa que você sente agora é auto-imposta. "Lembro-me do que ele fez a mim, sim, uh, ai, ui". A ferida se torna recente de novo e você não consegue escapar dela. Até que perdoe, ela aparecerá sempre... repetidamente.

Às vezes as pessoas me dizem:

— Wayne, eu não consigo esquecer aquilo!

— Sim, você consegue — eu lhes asseguro. E ao mesmo tempo entendo bem a dificuldade do que estou dizendo.

— Como poderei esquecer? — perguntam.

Minha resposta é:

— Você começará a esquecer quando parar de trazer o problema de volta. Parar de pensar sobre ele; parar de remoê-lo em sua mente. Você pode esquecer porque Deus esquece.

— Deus esquece? — perguntam impactados.

— Totalmente!

Deus esquece

Por meio do profeta Jeremias, o Senhor falou acerca de perdão para o seu povo: "Porque eu lhes perdoarei a maldade e não me lembrarei mais dos seus pecados" (Jr 31.34). Você sabia que Deus esquece propositadamente? A razão é porque, aos olhos de Deus, o pecado que você cometeu é esquecido quando é perdoado.

Perdoado significa esquecido, clara e simplesmente. Esse esquecimento não é o resultado do mal de Alzheimer ou demência. É propositado e intencional. Em vez de falar "esquecimento", a melhor maneira de expressar isso poderia ser *não trazer de volta*. Deus nunca mais se lembra. Nunca. Uma vez que seu pecado seja perdoado, é bem melhor optar pelo ponto de vista de Deus.

Para alguns de nós é difícil esquecer o pecado dos outros. Dizemos:

— Bem, as lembranças ainda estão aqui.

— Perdoe-os intencionalmente — Deus diz.

— Isso é uma contradição! — argumentamos.

— Não, não é. É uma parte de sua herança — ele nos faz lembrar. — Eu lhes dei o poder de se livrarem e se afastarem das lembranças sempre que for preciso. Eu lhes dei a capacidade de parar de culpar aquela pessoa por sua dor.

A falta de perdão esvazia o melhor de sua vida. Ela exaure seu tempo, mente, energia, emoções... tudo isso cresce rapidamente e lhe cobra um preço muito alto! Se você permitir que uma gota ácida o devore por uma brecha em sua alma, o melhor de sua vida será drenado hoje devido à podridão de ontem. Não ouse fazer isso!

O dom precioso do perdão interrompe a gota ácida e restaura sua vida. Que dom! E isso não é para a outra pessoa; é para *você*! Isso restaura as promessas de Deus e faz transbordar a fartura em *sua* vida.

CENA 3: UM FIM RÁPIDO

Vamos retornar à história de Absalão e dar uma olhada no *grand finale* de sua vida. Ele foi bem-sucedido em sua campanha, reunindo poderosos seguidores e planejando um golpe para matar seu pai e tomar o trono.

Davi soube de sua conspiração, e ele e seu séquito fugiram na calada da noite, escapando da ira amarga daquele filho. No último minuto dessa reviravolta na família real, Davi disse a algumas de suas esposas e concubinas: "Fiquem aqui porque ele quer a mim, não a vocês. Quando tudo estiver resolvido, voltaremos ao palácio". Com isso, o restante de sua família fugiu.

Absalão ficou sabendo da grande fuga e ordenou a suas tropas que os perseguissem com uma missão de busca e destruição. Felizmente, não conseguiram encontrar os fugitivos reais e retornaram à Cidade de Davi, onde Absalão já havia tomado o trono, proclamando rei a si mesmo e banindo seu pai. Num ato de autocoroação e domínio masculino deturpado, ele ergueu uma tenda no topo do telhado do palácio e violentou cada uma das esposas de seu pai.

Na margem da minha Bíblia, ao lado dessa triste passagem da história de Absalão (2Sm 16.22), escrevi estas palavras sobre falta de perdão: *ela o torna igual à pessoa que você não consegue perdoar.*

A parte mais chocante da história de Absalão é que ele se transformou no mesmo homem a quem odiou. Primeiro ele odiou o meio-irmão, Amnom, por ter estuprado sua irmã. Depois odiou seu próprio pai, o rei Davi, por bani-lo do reino. Contudo, à medida que examinamos sua história, vemos que a recusa de Absalão em perdoar o fez agir da mesma forma que a pessoa-alvo de seu ódio: um estuprador e alguém que repudiou a própria família.

Finalmente, o estágio mais detestável de falta de perdão é que ele o transforma na mesma pessoa que você evita perdoar. É um perigo que ameaça todos nós. Talvez você tenha um supervisor de quem não gosta. Seu supervisor não o apóia ou não fala bem de você. Você se ira e não pode deixar assim. Acaba contando a alguém:

— Não consigo acreditar nele. Pronto! Vou dar-lhe uma dose do seu próprio remédio.

— Ei! Espere um minuto — seu amigo diz. — Você não acabou de dizer que ele fala mal de você?

— Isso mesmo! — você devolve.

— Então, o que está fazendo agora? — seu amigo pergunta. — Não o está depreciando também?

Ele continua:

— Você disse que ele não se importa com você...

— Isso mesmo! — você replica — E não vou dar abertura a ele. Também não vou apoiá-lo!

A falta de perdão o transforma na mesma pessoa a quem você recusa perdoar. Você se torna-se exatamente como ela. A única diferença é que você fica cego para a situação. Deus entende isso muito bem e nos alerta: "... que nenhuma raiz de amargura brote e cause perturbação, contaminando muitos" (Hebreus 12.15).

Deus dentro do meu carro

Percebi isso algum tempo atrás no momento mais estranho: enquanto dirigia meu carro. Alguém me havia magoado profundamente, espalhando rumores a respeito da igreja. Pedimos a esse homem para que não fizesse isso, mas ele continuou. Foi por causa de algo que ele achava que eu deveria ter feito e, porque não o fiz, ele ficou contra mim. Descobri que ele estava persuadindo as pessoas a não irem à nossa igreja! Logo as pessoas deixaram de ir.

Pensei: *O que está acontecendo?* Entendi que, como Absalão, essa pessoa estava permitindo que sua amargura infectasse e envenenasse a outros.

Logo em seguida, dirigindo o carro, comecei a pensar sobre tudo o que ele havia dito. A cada lembrança, eu me contraía de dor. O ressentimento me dominava à medida que passava pelas linhas de separação entre as pistas. Linha após linha e lembrança após lembrança sibilavam em minha mente, até que me senti queimando de raiva!

Algum dia Deus já apareceu em seu carro? Ele surgiu no meu e então disse: "Wayne, você está se tornando como aquele homem". Pensei: *De jeito nenhum! Não tenho nada dele.*

Deus, porém, disse: "Você está agindo exatamente como ele. Está maldizendo-o e prejudicando sua reputação".

Ainda argumentei, apresentando meu caso a Deus: "Não estou *fazendo* isso. Apenas *pensando* em minha mente e em meu coração".

Deus me trouxe à memória uma porção da Escritura: "Pois do coração saem os maus pensamentos, os homicídios, os adultérios, [...] os falsos testemunhos e as calúnias" (Mateus 15.19).

Quando dizia essas coisas a respeito dele em meu coração, estava enchendo meu interior de munição. Estava armazenando maus pensamentos e calúnia, e um dia tudo isso brotaria e eu acabaria agindo como aquele homem. "Pois a boca fala do que está cheio o coração" (Mateus 12.34).

A revelação me assustou. O Senhor sussurrou ao meu coração: "Você *deve* perdoar porque o perdão faz cessar de imediato o processo de mutação que está acontecendo".

Para mim, esse foi um chamado a despertar.

O perdão consegue fazer parar o processo degenerativo e restaura o melhor de Deus em sua vida. Seu alvo não é tornar-se semelhante ao seu ofensor. O desejo do seu coração é ser semelhante a Jesus.

Deixe-me fazer-lhe uma pergunta-chave: *A quem você precisa perdoar?*

Você pode servir-se do telefone ou de uma carta; poderá ser doloroso conversar com essa pessoa ou escrever-lhe. Se não houver outro jeito de alcançá-la, então trate desse caso simplesmente perdoando em seu coração.

Seja como for, você *deve* extrair o anzol, pois mantê-lo lá dentro não é a melhor opção.

Perdão: deixando Deus ser Deus

Tiago 4.12 diz: "Há apenas um Legislador e Juiz, aquele que pode salvar e destruir. Mas quem é você para julgar o seu próximo?". Sabemos que Deus disse: "Minha é a vingança; eu retribuirei" (Romanos 12.19), mas não seria formidável tomarmos o lugar da sua poderosa mão? Todos sabemos que o salário do pecado é a morte. O problema? *Nós* queremos ser o agente funerário para nos certificarmos de que a morte foi atribuída ao pecado!

Se permitirmos, Deus tratará das injustiças em nossa vida e até mesmo as transformará em bem. Precisamos deixar que ele faça o que só ele pode realizar. Quando tento carregar algo que só Deus é capaz de carregar, acabo caindo sob o peso do fardo. Não posso suportar a carga de carregar a sentença do pecado. Somente Deus pode fazê-lo. E a única coisa que pode me libertar dessa tendência fatal é o perdão!

Absalão tentou ser Deus, e isso o matou. Sua história terminou tragicamente. O rei Davi finalmente retornou à cidade, e um de seus generais matou Absalão. Foi um final trágico, mas é o resultado clássico da recusa em perdoar. E Absalão não é diferente de nós. A falta de perdão também nos matará.

Sua vida não precisa ter o mesmo fim trágico. O perdão é dom de Deus que pode reescrever um futuro antes destinado à solidão e à esterilidade. O perdão simplesmente põe as conseqüências do pecado nas mãos do verdadeiro Juiz. Deixe essa tarefa para ele.

Ficaremos livres para fazer a nossa.

Regra 6

Permaneça firme em suas convicções

Herodes: Iinfluenciado pela multidão

O rei disse à jovem: "Peça-me qualquer coisa que você quiser, e eu lhe darei". E prometeu-lhe sob juramento: "Seja o que for que me pedir, eu lhe darei, até a metade do meu reino".
Ela saiu e disse à sua mãe: "Que pedirei?".
"A cabeça de João Batista", respondeu ela.

Marcos 6.22-24

Hora do teste! Vamos começar nossa lição com um enigma. Aqui estão vários enredos que compartilham um elemento. O que todos esses enredos têm em comum? Veja se consegue identificar o tema:

1. Um grande realizador que todos admiram. Secretamente ele ainda está tentando fugir o mais rápido que pode das palavras perseguidoras de seu pai: "Você nunca conseguirá alcançar nada!".

2. Um homem como uma cana nas corredeiras de um rio. Ele é levado pela correnteza e nunca fala claro nem se levanta por nenhum motivo.

3. Uma adolescente para a qual sexo e amor são a mesma coisa. Ela cede ao desejo de seu namorado, ainda que, na verdade, não queira.

4. Uma mulher que se sente tão insignificante que os acontecimentos em sua vida lhe trazem à lembrança uma moça rejeitada, sempre abandonada e solitária.

5. Um homem que nunca será reconhecido como cristão em seu trabalho porque nunca teve coragem de falar sobre Jesus com seus colegas.

Conseguiu desvendar o enigma? É hora de fazer anotações. Aqui está a resposta: cada uma dessas pessoas é guiada por um medo profundo de rejeição.

DEPENDÊNCIA DE APROVAÇÃO

Deveras, o medo de rejeição é uma força poderosa. Em cada seguimento de nossa sociedade, a dependência de aprovação é um fator preponderante. E nenhum de nós está imune à sedução dela.

Às vezes questionamos: "O que os outros pensam?"; "Será que eles ainda gostam de mim?"; ou "Qual a minha aparência?". Se, porém, essas perguntas o atormentam, então você está vivendo numa armadilha mortal: "Quem teme o homem cai em armadilhas, mas quem confia no SENHOR está seguro" (Pv 29.25). Esse provérbio diz que, quando tememos os homens ou a rejeição que nos infligem, caímos numa armadilha.

Leia as entrelinhas e verá que essa dependência de aprovação não é algo novo na imagem distorcida de nossa sociedade ou na mídia moderna. Longe disso! Deus escreveu sobre isso muito tempo antes porque muitos — grandes e pequenos — sofrem do mesmo problema.

Um decreto da dependência

O rei Herodes era um governador absoluto do império romano, o temido soberano da Galiléia, onde Jesus viveu. Construiu edifícios maiores do que os que jamais alguém havia visto, palácios e cidades clássicas como Tiberíades. Eram as maravilhas modernas daqueles dias e ainda são atrações turísticas nos dias atuais como façanhas impressionantes da arquitetura e do poder.

Herodes era um homem de estatura imponente e de grandes realizações, contudo intimidava o povo e abria caminho para sua agitação. Enquanto roía as unhas, lendo as pesquisas eleitorais, mandara cortar a cabeça de João Batista e deixara que Jesus fosse crucificado.

A vida de Herodes é um grande exemplo para nós, não por causa do seu poder, mas por seu medo. Sua fraqueza nos ensina a sabedoria indispensável de que, não importa quão notável seja a posição de alguém (ou quão inferior), nenhum de nós está imune à pressão da sociedade.

Aconteceu a um outro grande rei do Antigo Testamento, Saul. Ele confessou que seu vício o levou à queda: "Pequei [...], tive medo dos soldados e os atendi" (1Samuel 15.24). Ninguém está imune!

Qual a origem da dependência de aprovação? Como podemos ser influenciados pela multidão? Três palavras: medo de rejeição. O medo de rejeição quase sempre acontece quando você é severamente rejeitado por alguém a quem esperava agradar. Talvez essa rejeição tenha partido de um professor, de um membro do sexo oposto, de um irmão ou um parente. Pode até mesmo ter vindo de alguém na igreja.

As marcas da rejeição podem parecer curadas com o tempo, mas a verdade é que elas simplesmente doem tanto hoje como quando foram infligidas pela primeira vez. Não adianta dizer: "Você vai superá-la!". Mágoas não resolvidas criam raízes em seu coração, causando um medo profundo de ser sempre rejeitado por alguém. Quando essa força do medo o domina, você perceberá seus efeitos negativos.

O QUE O MEDO DA REJEIÇÃO PODE CAUSAR

Permite que outros nos manipulem

Quando você tem medo de rejeição, abre espaço para que outros o moldem segundo os desejos e expectativas deles. Com freqüência, esse medo surge como uma necessidade de agradar a qualquer custo. Os anúncios brincam com essa necessidade o tempo todo: "Compre este produto ou você é um idiota! Todos o estão comprando; compre-o você também". Quantos de nós já compramos algo que não queríamos, mas o que realmente não queríamos era parecer estúpidos e, assim, acabamos adquirindo o produto de qualquer jeito? Certamente, muitos de nós fazemos isso!

O primeiro efeito danoso que surge do medo de rejeição é permitirmos que outros nos manipulem. Fazemos doidices que jamais faríamos de outro modo. O medo de rejeição não pára aqui. Primeiro permite que outros nos manipulem e então...

Somos conformados à pressão da sociedade

Não é verdade? Nossa tendência é andar como outras pessoas, falar como elas, agir como elas e vestir como elas. Por quê? Porque não queremos ser rejeitados. É o poder devastador de nosso medo profundamente arraigado! E, quando nos adequamos aos nossos amigos, ficamos vulneráveis ao terceiro efeito pernicioso do medo de rejeição.

Somos impedidos de seguir a verdade

Por que você acha que algumas pessoas não falam a verdade ou "escapam" dela entre seus amigos? Porque têm medo de que, se falarem a verdade, serão rejeitadas. Nosso medo tem o poder de impedir que falemos a verdade, a verdade total e nada mais senão a verdade. Ansiamos pela aprovação acima da necessidade de falar a verdade. Mas isso não é tudo...

Não conseguimos dar e receber amor

Mágoas passadas não resolvidas frustram relacionamentos futuros. Por exemplo, se eu tiver sido ferido ou rejeitado por minha família quando criança, poderei não arriscar de novo ter relacionamentos profundos, significativos. Isso porque temo que outras pessoas me rejeitem tal como minha família fez.

Infelizmente, não correr riscos significa que eu protejo a mim mesmo de ser magoado, mas me isolo do único modo pelo qual receberei amor: dos outros. Também me privo da função humana mais necessária de todas — dar amor. Sem dúvida, não dar nem receber amor resulta numa vida de solidão.

Mark Twain disse isso da seguinte maneira: "Um gato que se queimou por se sentar num fogão quente não só *jamais* se sentará num fogão quente de novo, ele não se sentará em *nenhum* outro fogão depois disso". É triste, mas o medo da rejeição pode nos privar de *todo* relacionamento significativo. E finalmente...

Paralisa nossa comunhão com Jesus Cristo

O medo de rejeição impede-nos de falar da maior mensagem que poderíamos anunciar. Às vezes não compartilhamos nossa fé por estarmos mais preocupados com a aprovação dos outros do que com qualquer outra coisa em nossa vida. A Escritura diz que isso aconteceu no tempo de Jesus. Muitos criam nele, mas não admitiam por medo dos fariseus. Estavam mais interessados na aprovação dos homens do que na aprovação de Deus (veja João 12.42,43).

Como Herodes, essas pessoas sacrificavam seu relacionamento com Jesus por causa da aprovação dos outros. Chocante, certo? Porque esses crentes não compartilharam sua fé, nunca foi dada a oportunidade a muitos que poderiam ter feito parte da igreja primitiva. E nós fazemos exatamente a mesma coisa quando sacrificamos nosso testemunho por termos medo do que os outros vão pensar.

Observe estes cinco efeitos terríveis e duradouros que o medo da rejeição nos impõe:

1. Permitimos que outros nos manipulem.
2. Conformamo-nos à pressão da sociedade.
3. Não seguimos a verdade.
4. Privamo-nos de futuros relacionamentos.
5. Ficamos calados em vez de compartilharmos o evangelho.

Enlouquecedor, não é? Sim, o medo da rejeição pode, de fato, afetar cada área da nossa vida, assim como afetou a de Herodes.

UM GRANDE HOMEM, UMA FRAQUEZA AINDA MAIOR

Aqui está um perfeito escândalo palaciano: norte da Galiléia, domínio de Herodes, numa área conhecida por Cesaréia de Filipe, onde o irmão de Herodes, Filipe, era administrador. Filipe era casado com Herodias. Naquele tempo, Herodes ainda era um solteiro muito rico, poderoso e tinha muitas vantagens. Herodes e Herodias deram um golpe, ela fez as malas, deixou Filipe, substituindo-o por seu irmão, e mudou-se para o palácio. O país ficou sem fala com a notícia.

João Batista soube do célebre escândalo. Enquanto estava solteiro, Herodes ouvia com freqüência o que João falava sobre a vida e admirava a honestidade e a sabedoria dos conselhos do profeta. Mas Herodes percebeu que João ultrapassara os limites quando disse: "É errado tomar a mulher de outro. Você não pode roubar a esposa de seu irmão só porque é rei!".

Herodias não gostava de João e convenceu Herodes a lançá-lo na prisão.

Assim, Herodias o odiava e queria matá-lo. Mas não podia fazê-lo, porque Herodes temia João e o protegia, sabendo que ele era um homem justo e santo; e quando o ouvia, ficava perplexo. Mesmo assim gostava de ouvi-lo.

Finalmente Herodias teve uma ocasião oportuna. No seu aniversário, Herodes ofereceu um banquete aos seus líderes mais importantes, aos comandantes militares e às principais personalidades da Galiléia [todos a quem ele queria impressionar]. Quando a filha de Herodias entrou e dançou, agradou a Herodes e aos convidados.

O rei disse à jovem: "Peça-me qualquer coisa que você quiser, e eu lhe darei". E prometeu-lhe sob juramento: "Seja o que for que me pedir, eu lhe darei, até a metade do meu reino".

Ela saiu e disse a sua mãe: "Que pedirei?"
"A cabeça de João Batista", respondeu ela (Marcos 6.19-24).

Uma promessa lamentável

Embora o rei se arrependesse verdadeiramente de sua promessa, ele sabia que teria de mantê-la porque a tinha feito diante de seus distintos convidados. Imediatamente enviou um executor para trazer a cabeça de João Batista, seu amigo.

Por causa da influência da multidão, o rei Herodes violou a própria consciência. Ele fez isso contra os desejos de seu coração. Sabia o que era certo e, contudo, cometeu uma transgressão, pois queria impressionar seus convidados. Por querer ser aprovado, sacrificou um conselheiro íntimo.

Todos nós somos suscetíveis à pressão da sociedade. Não importa em que posição você se encontre — um diretor executivo, um empregado, um estudante ou um pai —, temos de tomar decisões difíceis em algum momento da vida. Você escolherá agradar a Deus ou aos amigos?

Nesse instante nosso medo de rejeição interfere diretamente em nosso temor ao Senhor. A Bíblia diz: "Quem teme o homem cai em armadilhas, mas quem confia no Senhor está seguro" (Pv 29.25). Eu colocaria isso da seguinte forma: "Se você teme a Deus, não temerá ninguém. Se você teme ao homem, terá medo de tudo".

Como superar a poderosa influência da multidão? Todos queremos fazer a escolha certa, por mais difícil que seja. Deixe-me mencionar algumas formas que ajudam a dominar o medo de rejeição; desse modo, quando deparar com uma decisão crítica, você sairá mais forte!

Ponha Deus em primeiro lugar

O passo mais importante para vencer a pressão da sociedade é pôr Deus em primeiro lugar. Por quê?

Porque "o SENHOR é a minha luz e a minha salvação; de quem terei temor?" (Salmos 27.1). O Senhor é descrito aqui como *luz e salvação*. Ambos os termos são significativos para entender porque devemos dar prioridade a Deus a fim de superar o medo da rejeição.

O salmista descreve Deus como *minha luz*. A luz tem inúmeros propósitos importantes em nossa vida. Primeiro, ela *ilumina*. A luz nos ajuda a ver as coisas com mais clareza. A palavra "iluminar" significa "trazer entendimento e percepção". A maioria de nós concordaria que a luz é melhor que a escuridão.

Quando eu estava na oitava série, minha classe fez uma excursão campestre às Cavernas do Oregon. Ao mergulhar nas profundezas da terra, as Cavernas do Oregon se apresentam como catedrais brilhantes esculpidas no coração de mármore das montanhas Siskiyou. Segurando no corrimão como verdadeiros exploradores de cavernas, balançávamos sobre uma ponte estreita e fraca, para lá e para cá sobre as colunas de estalactites e estalagmites à nossa volta. Só então a guia disse: "Ok, não se movam pelos próximos 10 segundos". Ela desligou as luzes. A escuridão, como fuligem, penetrou em nossos olhos. Não podíamos ver nada! Mas podíamos ouvir tudo, pequenos ruídos, especialmente murmúrios, gritos, gemidos e até um garoto vomitando na ponte. Finalmente a guia acendeu as luzes. Não é nada divertido ficar em trevas completas!

Davi disse a mesma coisa em seu salmo: "Quando estou confuso, Deus ilumina o meu caminho". Nosso Pai celestial jamais nos deixará sozinhos nas trevas. Ele sempre utiliza sua luz para iluminar nosso caminho e, o mais importante, para iluminar nossa vida.

Segundo, a luz não só ilumina, mas também *protege*. Pode ser que você proteja sua casa com luz instalando um refletor que detecta movimentos para assustar os intrusos. Toda vez que assisto a um filme de terror, acho que é melhor fazê-lo com todas as luzes da casa acesas. Por quê? Estou sendo tolo? É claro que não! A luz provê proteção contra coisas que se ocultam na escuridão.

Finalmente, a luz produz *energia*. Naturalmente ela aclara o seu humor assim como aclara o seu dia. Se alguém está depressivo, um amigo abre todas as cortinas da sala e diz: "Vamos pôr um pouco de luz aqui!". Qual a razão? Porque a luz traz renovação; ela levanta o humor. Dá-nos vigor para cuidar das tarefas diárias.

Davi disse que seu relacionamento com Deus era assim. Deus o ajudava a ver as coisas com mais clareza para que não precisasse ter medo. Ele deu a Davi a segurança de que Davi necessitava e revigorou sua vida. Quando Davi deu prioridade a Deus para ser a luz de sua vida, nunca caiu vítima da influência da multidão.

Você tem um relacionamento desse tipo com Deus? Você o colocou em primeiro lugar, como a luz de sua vida? Se você não o fez, ficará suscetível ao medo de ser rejeitado e à influência da multidão. Ou talvez você esteja procurando outra pessoa para ser sua luz.

Você ilumina minha vida

Muitas letras de canções falam de pessoas que encontram luz em outras pessoas. Debby Boone cantava *You Light Up My Life* [Você ilumina minha vida]. Stevie Wonder iluminava os shows com *You Are The Sunshine of My Life* [Você é o sol da minha vida]. Você ouve todas essas canções sobre luz e vida, mas aí está o perigo: se outra pessoa é a luz de sua vida, há um problema! Por quê? As pessoas existem, se desgastam e depois desaparecem. Elas não são confiáveis.

O Senhor é a bateria que nunca acabará, a lâmpada que nunca se apagará e a chama que jamais se desvanecerá. Quando deixamos que Deus seja o primeiro, sabemos que ele provê toda a iluminação, proteção e energia de que sempre vamos precisar.

E assim venceremos nosso medo natural de rejeição. Ele é nosso Tudo em tudo!

Entendendo a salvação

A segunda metade do Salmo 27.1 diz: "o Senhor é a minha [...] salvação; de quem terei temor?". O que significa salvação? Davi responderia dizendo: "Não importa o que aconteça, Deus sempre me amará". Não importa o quê.

A Bíblia diz: "[Nada] será capaz de nos separar do amor de Deus" (Romanos 8.39). Jesus disse isso assim: "Nunca o deixarei, nunca o abandonarei" (Hebreus 13.5). Não importa se alguém o rejeitar, pois Deus nunca o fará. Ele *sempre* amará, *sempre* aceitará e *sempre* sustentará você.

Uma das chaves para a confiança e a auto-estima não é fazer análise todas as manhãs ou ler livros de auto-ajuda. Entenda simplesmente quanto Deus o ama. "Que o teu amor alcance-me, Senhor, [...] então responderei aos que me afrontam" (Salmos 119.41,42). O conhecimento do grande amor de Deus por você leva-o para além da sombra da dúvida.

Ter a aprovação de Deus como foco simplifica a vida. "Procure apresentar-se a Deus aprovado" (2Timóteo 2.15). A vida se resume em uma coisa: "Eu só farei o que agrada a Deus". Agradá-lo é sempre a coisa certa a fazer. Não importa o que outros pensem, esse é o meu sucesso!

Ninguém gosta de mim

Já percebeu que não consegue agradar todo mundo? Que nem todos gostam de você? Se conseguiu, então já alcançou um lugar admirável. É a vida! Você não consegue agradar todas as pessoas o tempo todo.

Até mesmo Deus não pode agradar a todos! Um grupo está orando: "Oh, Deus, afaste o furacão de nossas ilhas!". Enquanto isso, ao mesmo tempo, outro grupo está orando: "Traga-o para perto, Senhor! Poderemos surfar mais!". Uma pessoa ora por sol, outra, por chuva. E, se Deus não consegue agradar a todos, seria tolice esperar que nós consigamos.

Ponha Deus em primeiro lugar e tudo mais irá para o lugar certo. Em segundo lugar, e alguns de vocês *especialmente* gostarão disso, ponha as pessoas no seu lugar.

PONHA AS PESSOAS NO SEU LUGAR

Até posso ouvir alguns pensando: *Gostei dessa! Aleluia. É a primeira coisa que você disse, Wayne, que de fato gostei!*

Agüente firme! Antes de fazer festa, ouça com cuidado. Não estou dizendo isso para ser rude, desagradável ou descortês. Estou falando que devemos colocar as *opiniões* dos outros no seu devido lugar. Significa ter a perspectiva certa e não supervalorizar o que as pessoas dizem.

A primeira coisa é não supor que, quando os outros julgam você, as palavras deles são a verdade infalível que procede de Deus. Muito provavelmente não são! "O Senhor diz: 'Eu sou aquele que fortalece você. Por que você teme o homem mortal...? (Salmos 27.1).[a] Observe a palavra "mortal". Ela nos lembra que o que as pessoas dizem é temporário e logo passa.

Quando a opinião de outros se torna de suma importância, você está propenso a uma grande queda. Será vítima das armadilhas da popularidade, fama, aplauso, opinião pública e do dilema sobre "o que as pessoas vão pensar?". A imagem se torna tudo.

---

[a] Tradução livre da TEV (Today's English Version) [N. do T.].

De herói a coisa nenhuma

Como as antigas canções, algumas pessoas dizem: "Quero ver meu rosto sorridente na capa da *Rolling Stone*". Bem, mesmo que a fama não aconteça, você será herói num dia e coisa nenhuma no outro. Quantas pessoas que fizeram a capa da revista *People* dois anos atrás ainda estão no topo atualmente? Nem mesmo sabemos onde estão! Desaparecem após 15 segundos de fama. E então? Primeiro herói, depois coisa nenhuma.

O apóstolo Paulo nos fala exatamente o que pensa sobre a aprovação dos homens: "Acaso busco eu agora a aprovação dos homens ou a de Deus? [...] Se eu ainda estivesse procurando agradar a homens, não seria servo de Cristo" (Gálatas 1.10).

Paulo queria dizer: "Tenho uma escolha: homens ou Deus. Eu escolho Deus. Em tudo o que fizer, agradarei a Deus".

Um só espectador

Um dos caminhos mais excelentes para superar a influência da multidão é com cada fôlego, cada ato, cada pensamento: viver sempre para um só espectador. Não importa como, viva para Deus. É a aprovação dele que desejamos. A única que interessa.

No entanto, e a respeito do que os outros pensam? É algo que devemos considerar seriamente. A resposta para isso seria: "Se Deus é por nós, quem será contra nós?" (Romanos 8.31). Quando perceber que Deus é por você, será capaz de resistir à força da rejeição. Nada neste mundo poderá se opor a você quando entender que Deus é por você e que você está cooperando com seu plano.

Você poderia ainda questionar: "Posso deixar de me preocupar com as opiniões dos outros?". Honestamente, não. É quase impossível não ser afetado por elas, pois convivemos com pessoas. Você teria de ser alguém desprovido de emoção (ou estar morto!) para dizer: "Eu não me importo com o que os outros pensam".

Entretanto, você pode desenvolver uma posição em sua vida na qual não mais será *controlado* pelas opiniões dos outros. Sua escolha será receber a direção do plano de Deus, não das expectativas alheias. Seja precavido: alguns não vão gostar disso e dirão as coisas mais improváveis (especialmente de membros da família bem-intencionados). Vai doer! Mas não se deixe dominar por isso. Simplesmente pergunte a si mesmo: "A quem estou tentando impressionar: aos outros ou a Deus?". A resposta a essa pergunta o ajudará a pôr tudo na devida ordem; superar os medos exige colocar as pessoas em seu devido lugar.

Finalmente, dominar o medo da rejeição exige o que pode ser o desafio mais difícil dos três: pôr *você mesmo* no lugar certo.

PONHA-SE NO LUGAR CERTO

Muitas pessoas têm conceitos mais elevados a respeito de si mesmas do que deveriam. Outras se consideram inferiores. Eu diria que não muitos se vêem com os olhos de Deus. Bem poucos percebem quão singulares e quão valiosos são para Deus. Se agíssemos assim, seríamos capazes de resistir muito à rejeição.

A auto-imagem pobre deve-se ao fato de não entendermos os valores de Deus, aos quais desejamos dar um fim como a um sistema de valores falho. Embora Deus nos valorize muito, nós, entretanto, não o fazemos. Assim, quando as pessoas nos criticam, questionamos se no fundo não estarão certas.

Coração deficiente

Uma senhora em nossa igreja esperava por um ônibus quando chegou outra senhora, também da igreja, e colocou-se ao lado dela no ponto. A segunda olhava para outra direção, não reconhecendo sua amiga.

A primeira começou a pensar: "Ela vai à igreja, mas nem mesmo fala comigo! Provavelmente não gosta de mim. Bem, se ela não quer conversar comigo, não vou conversar com ela. E se não gosta de mim, então não gosto dela também!".

O ônibus chegou e ambas embarcaram. Cerca de cinco minutos depois, a segunda senhora percebeu a amiga e disse:

— Oh, Mabel! Desculpe-me, eu não vi você!

— É mesmo? — disse a outra totalmente surpresa com essa mudança de acontecimentos.

— Não! Por favor, perdoe-me — disse —, eu estava tão absorta em meus pensamentos que não percebi você. Você entende, eu acabei de chegar do médico e fui informada de que meu menino tem leucemia. Não sei o que fazer!

Às vezes ficamos tão envolvidos com os próprios medos que não percebemos as oportunidades que nos rodeiam de darmos atenção aos outros.

Só conseguimos ver nossos temores. E a vida começa a girar à nossa volta. Logo passamos a perguntar o que as pessoas pensam sobre "mim, o que é meu, eu mesmo", e tudo gira em torno de mim!

A cura? Aceite o que a Palavra de Deus diz sobre você: "Tu (Deus) o fizeste um pouco menor do que os seres celestiais e o coroaste de glória e de honra" (Salmos 8.5).

Isso não é maravilhoso? Significa que somos inferiores somente a Deus e a ninguém mais. Estamos todos no lugar certo, segundo o que ele mesmo diz. Nunca nos permitamos sentir inferiores aos outros.

Deus nos fez *importantes*!

Você diz: "Mas este lugar que Deus nos deu é muito elevado. Eu não o mereço!". É verdade. Nenhum de nós merece de fato essa honra. Entretanto, Efésios 1.4 diz que, por meio do que Cristo fez por nós, Deus decidiu nos tornar santos diante de seus olhos. Sem sequer uma única culpa, estamos em pé diante de Deus, cobertos por seu amor, por meio do que Cristo realizou em nosso favor.

Somos aceitáveis a Deus, aprovados por Deus e amados por ele. Não por nosso próprio mérito ou pelo que tenhamos feito. Você nunca será bom o suficiente para agradar um Deus perfeito baseado no que faz. É somente por meio do que Jesus Cristo fez que somos aceitos.

Desse modo, não importa o que você diz sobre si mesmo. Às vezes acho que não mereço a aprovação de Deus. O Senhor diz: "Eu entendo isso, mas você sabe o que realmente conta, Wayne? *É o que eu digo sobre você*". O que nos faz aceitáveis é o que Deus diz e o que Jesus fez, e podemos descansar nisso. "Pois não é aprovado quem a si mesmo se recomenda, mas aquele a quem o Senhor recomenda" (2Coríntios 10.18).

Influência da multidão ou caminho do Senhor?

Simplifique sua vida, dizendo: "Eu só farei o que agrada a Deus". É uma regra vital para uma vida bem-sucedida. Quando puser Deus em primeiro lugar, os outros em seu lugar e você mesmo no lugar que lhe é de direito, terá confiança e não será abalado. Verá um mundo de grandes promessas chegando até você — as promessas do Deus vivo sendo cumpridas!

Regra 7

Cultive Relacionamentos Saudáveis

Abigail: Apaziguando o Rei

Quando Abigail viu Davi, desceu depressa do jumento e prostrou-se perante Davi, rosto em terra. Ela caiu a seus pés e disse: "Meu Senhor, a culpa é toda minha. Por favor, permite que tua serva te fale; ouve o que ela tem a dizer".

1Samuel 25.23,24

Imagine que você pudesse ter *algo* que deseja. Não seria a realização de um sonho? Nada poderia fazê-lo mais feliz!

Talvez o sonho de possuir uma Ferrari Enzo de $700 mil? Ou quem sabe duas? Que tal uma mansão com piscina? Impressionar com algumas motos, jetskis e grandes extensões de terra? Melhor ainda, ter sua ilha particular! Um iate? É claro! E, para gastar, que tal 50 milhões limpinhos?

Feliz?

Pense apenas nisto: você terá que viver o resto de sua vida naquela ilha... sozinho. Sem contato com ninguém.

Feliz ainda?

A vida perde seu brilho a menos que tenha alguém com quem compartilhá-la, não é? Você pode ter o melhor do melhor, mas, se não houver com quem desfrutá-lo, alardeá-lo, comover o outro ou rir com ele, para que serve?

Na ausência de outros, até mesmo o melhor que temos nos leva à loucura. A pior tortura conhecida do ser humano é simplesmente esta: o confinamento solitário. Você poderia estar coberto de conforto, morar num cinco estrelas, mas ainda seria uma tortura!

O DESÍGNIO DE DEUS

Nunca foi intenção de Deus que vivêssemos sozinhos. Só funcionamos no relacionamento com outros. Sem relacionamentos saudáveis, nada importa realmente. Deus decidiu assim e, se ignorarmos essa Regra de Sucesso, a vida sempre nos fará responsáveis por uma peça perdida: a ausência de relacionamentos saudáveis.

Certa mulher na Bíblia nos ensina uma lição muito importante: um ingrediente indispensável de vida é o relacionamento com outros. Abigail casara com um homem que era um simples pastor, mas o sucesso gradual transformou-o em outra pessoa. A artimanha das riquezas expôs sua falta de caráter. A história dessa mulher está registrada no livro de 1Samuel:

Seu nome era Nabal e o nome de sua mulher era Abigail, mulher inteligente e bonita; mas seu marido, descendente de Calebe, era rude e mau (1Samuel 25.3).

Naqueles dias, os rebanhos mostravam o quanto alguém era próspero, e Nabal era um homem rico! Ele tinha três mil ovelhas e mil cabras. Morava no deserto e possuía milhares de ovelhas e cabras, e não havia chuvas... significa que não só era rico; era podre de rico!

Qual foi sua verdadeira queda?

O egoísmo o fazia cheirar mal!

Dividindo o deserto

O jovem Davi vivia no mesmo deserto, fugitivo da ira de um homem perturbado. O rei Saul temia que esse moço talentoso logo tomasse seu trono. Assim, em sua obsessão, tentava impedir que isso acontecesse, a qualquer custo!

Nabal dividia o deserto com outros tipos mais obscuros — ladrões e piratas da areia — que se alegravam em pilhar os pastores descuidados. Em várias ocasiões, Davi e seus homens enviaram trabalhadores para proteger os rebanhos de Nabal.

Naquela época, a tosquia anual de ovelhas era uma celebração da qual todos queriam participar. Equivalia, no Antigo Testamento, ao Carnaval, ou a uma "Feira do Deserto". Era um acontecimento de gala que comemorava os lucros dos barões locais como Nabal.

Algum convidado?

Para essa festa, Davi enviou dez homens a fim de pedir pelas sobras de comida. Ele esperava que Nabal ficasse feliz em ser generoso com seus xerifes voluntários. No entanto, em vez de reconhecimento, Nabal devolveu-lhe humilhação: mandou que os homens de Davi retornassem sem comida e com a barba por fazer.

Uma coisa não é possível fazer: destruir uma milícia do deserto comandada por um gigante matador. Davi imediatamente declarou guerra contra Nabal, pronto para equilibrar as coisas. "Em vão temos protegido esse egoísta", declarou Davi. "Por essa hora, amanhã, nenhum de seus homens estará vivo!" Eles subiram em suas montarias e dirigiram-se para o lugar onde acontecia a feira.

Uma mulher x um exército

Quando a esposa de Nabal ouviu sobre o iminente massacre, sabia que, a menos que interferisse, haveria mais gente morta do que ovelhas tosquiadas na festa. Ela teria de consertar um relacionamento destruído... e *rápido*!

> Imediatamente, Abigail pegou duzentos pães, duas vasilhas de couro cheias de vinho, cinco ovelhas preparadas, cinco medidas de grãos torrados, cem bolos de uvas passas e duzentos bolos de figos prensados, e os carregou em jumentos [...]. Quando Abigail viu Davi, desceu depressa do jumento e prostrou-se perante Davi, [...] e disse: "Meu senhor, a culpa é toda minha" (1Samuel 25.18,23,24).

A rápida intervenção de Abigail impressionou Davi, e a humildade dela abrandou seu coração de guerreiro. Ela respondera pela loucura de seu marido.

> Davi disse a Abigail: "Bendito seja o SENHOR, o Deus de Israel, que hoje a enviou ao meu encontro. Seja você abençoada pelo seu bom senso [...] se você não tivesse vindo depressa encontrar-me, nem um só do sexo masculino pertencente a Nabal teria sido deixado vivo ao romper do dia [...]. Vá para sua casa em paz. Ouvi o que você disse e atenderei o seu pedido (1Samuel 25.32,34,35).

Abigail entendia que deixar uma ponte queimada em ruínas resultaria em conseqüências devastadoras. Lembre-se sempre: uma vida de fé é construída com *ação*. Uma vida de temores é construída com a *falta de ação!* Abigail entendeu a questão da fé! Graças ao pensamento rápido *e* à ação, ela foi capaz de ganhar o dia. Com essa mulher sábia, podemos aprender uma indispensável Regra de Sucesso sobre como restaurar relacionamentos desfeitos.

RECEBENDO E SUPORTANDO OFENSAS

Há alguns anos, eu estava num restaurante local quando um homem de meia-idade chegou do lado oposto de onde eu estava:

— Você é Wayne Cordeiro, não é? — ele perguntou em tom de urgência. — Preciso de ajuda. Sou pastor e nossa igreja está estagnada já há alguns anos. Você teria algo para trazê-la de volta à vida? Um novo livro? Uma revista? Um DVD?

Dei risada e pedi que ele me contasse o que acontecera, quem e de onde ele era.

— Bem — suspirou, preparando-se —, como eu disse, sou o novo pastor. Este é meu segundo ano, mas era pastor auxiliar antes disso.

— Como era a igreja quando você a assumiu há dois anos? — perguntei.

— Terrível! Acho que não devo dizer mais nada além disso!

— Diga-me, então, o que deu errado? — perguntei gentilmente.

Ele deu início a uma história que eu jamais esquecerei, recordando o dia em que recebeu o bastão da liderança:

— Era um domingo de manhã. Deveria haver umas cem pessoas presentes no culto; havia algo de mau presságio no ar. Depois de alguns hinos, o pastor levantou-se e falou com voz monótona:

"Pediria que a comissão de membros se levantasse". Pés se arrastaram por alguns momentos e uma meia dúzia de homens, mais ou menos, ficaram em pé. Do púlpito o pastor continuou: "É por causa desses homens que eu estou agora deixando a igreja". Com isso, ele pegou sua Bíblia e saiu! E foi assim que me tornei pastor.

Fiquei chocado.

— De modo nenhum! — falei — Isso *não* aconteceu naquela manhã!

— Oh, sim, aconteceu — ele respondeu. — Eu estava lá!

— Mas não aconteceu naquela manhã — respondi com mais firmeza.

— O que você quer dizer? — insistiu.

— Pode ter vindo à tona naquela manhã, mas não *aconteceu* naquela manhã. Começou um ou dois anos antes, quando as pessoas passaram a tolerar relacionamentos desfeitos e ira não resolvida uns com os outros.

O que é mais importante

Dei meu melhor conselho:

— Aqui está seu novo programa: comece sem novos programas! Pelo menos por doze meses. Em vez disso, dirija-se a cada pessoa, olhe-a nos olhos e pergunte: "Está tudo bem?". Certifique-se de que não há mágoas escondidas, nenhuma ofensa sem solução, nenhuma ponte queimada que precise ser reconstruída. Comece com quem está mais próximo de você e esforce-se para expor sua vida até que ninguém mais tenha contas a acertar. Do contrário, considere suspensos os serviços da igreja até que tudo vá para o seu devido lugar sem percalços.

Pelo semblante dele, pude perceber que este novo amigo tornara-se agora um adversário. Ele me censurou:

— Quem você pensa que é para fazer tal exigência?

Desculpei-me:

— Sinto muito. Levei-o a acreditar que fui o único a lhe dizer isso? Na verdade, preciso dar todo o mérito à fonte original, Jesus. Em Mateus 5.23,24, ele disse: "Portanto, se você estiver apresentando sua oferta diante do altar e ali se lembrar de que seu irmã tem algo contra você, deixe sua oferta ali, diante do altar, e vá primeiro reconciliar-se com seu irmão; depois volte e apresente sua oferta". Em outras palavras, ter relacionamentos corretos é mais importante do que apenas assistir aos cultos na igreja!

Corpos saudáveis

O que acontece no seio das famílias e na igreja reflete em nossos corpos. Se formos fundamental e essencialmente saudáveis, não ficaremos doentes com facilidade. Se realmente adoecermos, não conseguiremos, como antes, caminhar com os próprios pés. Desse modo, se nosso corpo está cheio de ansiedades, suspeitas, culpas não resolvidas e estresses sem solução, estaremos suscetíveis a todo tipo de vírus que flutua no espaço de um quilômetro. Quando contraímos uma enfermidade, ficamos com ela por longo tempo. Nossa alegria sse esvai e é substituída pela vulnerabilidade da moléstia.

Igrejas, famílias e relacionamentos são *entidades vivas*, do mesmo modo que nossos corpos são. A existência do descontentamento e a presença de ofensas não solucionadas prejudicará a saúde de indivíduos e relacionamentos. Nada pode mudar até que a ira seja dissipada e as ofensas, consertadas. Deus não pode dar início ao processo de cura enquanto não priorizarmos relacionamentos saudáveis.

Invalidando o próprio Deus

Fazemos uma impressionante descoberta em Marcos 6 sobre a realidade de viver com ofensas não resolvidas. Jesus está na cidade de Nazaré, onde lhe pediram para ir à sinagoga. Quando ele conclui, os críticos dão início às suas patéticas acusações:

"Não é este o carpinteiro, filho de Maria e irmão de Tiago, José, Judas e Simão? Não estão aqui conosco as suas irmãs?" E ficavam escandalizados por causa dele. [...] E não pôde fazer ali nenhum milagre (Marcos 6.3,5).

Os que negavam estavam misturados aos espectadores. Eles injuriavam e agarravam-se à oportunidade de pôr o jovem profeta em descrédito. O resultado?

"E não pôde fazer ali nenhum milagre".

Não diz que não "faria" nenhum milagre. Ele declarou especificamente que não *poderia* fazer nenhum milagre devido ao insulto deles. Anulamos o poder de Deus em curar, removendo-o com nossa descrença. Se o ofendemos, perdemos o milagre.

Jesus chamou isso de *incredulidade*.

RECUSANDO SER OFENDIDO

No corre-corre da vida diária, todos temos inúmeras chances de ser ofendidos:

- Você é ignorado para uma promoção.
- Você não é consultado sobre algo que deveria saber.
- Você não é convidado para um almoço.
- Você não é chamado para o aniversário de uma pessoa querida.
- Você não é cumprimentado por algo que fez.
- Seu pastor não o visitou quando estava no hospital.

Todos nós, em algum momento, podemos ser ofendidos ou suportar um insulto devido a um mal-entendido. Mas, se existiu alguém que não podia ser ofendido, esse é Jesus. Ele foi caluniado, traído, perseguido, odiado, enganado e, por fim, espancado, acusado falsamente e crucificado. Contudo, na cruz ele disse: "Pai, perdoa-lhes, pois não sabem o que estão fazendo" (Lucas 23.34).

Ao profetizar acerca do Messias, Isaías descreveu-o nestes termos: "Não mostrará fraqueza nem se deixará ferir, até que estabeleça a justiça na terra" (42.4). Isso significa que Jesus nunca teria a chance de ser ferido? Não! Em lugar disso, está escrito: "*Não mostrará fraqueza*". Ele simplesmente não aceitou a ofensa! Como Messias, Jesus se recusou a aceitá-la. Por quê?

Ele sabia sobre a necessidade do grande milagre da redenção.

O que destrói o povo de Deus

Pense nisso deste modo: ofensas são os pecados dos outros.

"Aceitar a ofensa" significa que nos dispomos a aceitar o insulto de outra pessoa e alimentá-lo.

O pecado passa por nossa vida o tempo todo. Por outro lado, se "aceitamos a ofensa", estamos *escolhendo* ruminá-la. Isso impedirá que você exponha sua vida ao milagre.

E com isso, soprou sobre eles e disse: "Recebam o Espírito Santo. Se perdoarem os pecados de alguém, estarão perdoados; se não os perdoarem, não estarão perdoados" (João 20.22,23).

Se você retém o pecado, seja seu, seja de outros, então o céu reterá aqueles pecados. De outro modo, se perdoar os pecados, eles serão perdoados! Aceitar a ofensa embaça a atmosfera para o milagre e atrasa o processo de Deus de conceder sua graça.

O CASO DE PECADO NÃO RESOLVIDO

Há três maneiras em que podemos reter o pecado e por causa disso destruir relacionamentos. Uma delas é óbvia, mas, em relação às outras duas, podemos nem mesmo perceber que as estamos praticando. Vejamos essas situações.

Quando estou errado

Quando estou errado e cometo um pecado, sou vítima de débito espiritual.

O pecado dá tarefas e exige que seu salário seja pago integralmente. Salmos 32.3,4 diz: "Enquanto eu mantinha escondidos os meus pecados, o meu corpo definhava de tanto gemer. Pois dia e noite a tua mão pesava sobre mim; minhas forças foram-se esgotando como em tempo de seca". Ele se manifesta em sintomas físicos e traz conseqüências relacionais. De acordo com Romanos 6.23, o salário do pecado é a morte, talvez não física, mas a morte dos relacionamentos, casamentos, famílias e igrejas.

Por outro lado, mediante o princípio bíblico de arrependimento, o débito do pecado é pago. Resolvido o problema, o milagre tem livre curso. Uma vez que isso acontece, a cura e a restauração têm início.

A situação a seguir na qual podemos reter o pecado é mais perigosa, pois é mais difícil de ser reconhecida...

Quando estou certo

Somos mais vulneráveis ao erro *quando estamos certos.* Deixeme explicar: quando estamos certos, sentimo-nos justificados para atacar os outros. Usamos nossa "justiça" (ou *justiça própria*) para endossar nosso ponto de vista. Afinal, estamos com a razão!

Quando você está do lado "errado" da cruz, é humilhante. Quando está do lado "certo" da cruz, é perigoso! Vejo com freqüência pessoas que usam a justiça como flagelação ou como pódio para denunciar a outros, tudo em nome da razão!

Tratar com a "justiça" é uma tarefa difícil. Lembre-se, Jesus era perfeito, sem pecado, mas, quando estava na cruz, sua justiça não o motivou a condenar aqueles que foram responsáveis pela injustiça. Em vez disso, suplicou por perdão para seus ofensores. Ele sabia que a redenção da humanidade estava naquele madeiro e rejeitou o direito de reter a ofensa por causa da nossa redenção. Tratar com a justiça é uma missão de grande responsabilidade, mas agir assim criará uma atmosfera de milagre e trará plenitude e redenção.

MANTENDO RELACIONAMENTOS SAUDÁVEIS

Relacionamentos significativos são a base para vencer na vida. E ter tais relacionamentos exige uma administração rígida para promovê-los. Relacionamentos frutíferos pedem uma manutenção intensa!

Já se tornou bastante popular ter plantas artesanais em casa. Elas não precisam de água, apenas que se tire o pó periodicamente. As plantas naturais precisam de fertilização, luz do sol, quantidade de água apropriada e cuidados contra os insetos! Temos algumas em nossa casa (plantas de seda). Uma figueira, algumas flores e até uma macieira. Elas enfeitam o interior da casa, mas há duas desvantagens principais: plantas falsificadas não emitem a fragrância que as verdadeiras possuem e nunca produzem frutos!

Os relacionamentos são assim também. Se desejamos que frutifiquem, que exalem seu perfume refrescante, então terão de receber a manutenção necessária! É um dos segredos de uma vida bem-sucedida. Aqui estão três maneiras de se manter um relacionamento saudável, seja numa amizade, no casamento ou na família.

VÁ PRIMEIRO

A Palavra de Deus nos fornece o ponto de partida: relacionamentos saudáveis sempre têm início conosco mesmos! "Quem tem muitos amigos pode chegar à ruína, mas existe amigo mais apegado que um irmão" (Provérbios 18.24).

Às vezes penso que bons relacionamentos deveriam se iniciar corretamente por meus filhos ou por minha esposa. Mas a Bíblia diz que devem começar por mim! Preciso ser aquele que rega e nutre esses relacionamentos ao meu redor.

Quando chega o momento de administrar os relacionamentos, uma Regra de Sucesso crucial é: Faça primeiro!

Certa vez, numa casa de café movimentada, fiquei observando pessoas irritadas na fila para receber sua dose de droga, a cafeína. Ninguém falava ou sorria. Aquilo lembrava mais um funeral com pessoas esperando para prestar condolências.

Decidi fazer uma experiência. Em vez de esperar por eles, pensei em começar a cumprimentá-los e ver como reagiriam. Embora parecessem condenados à morte em uma fila, poderia ser engraçado fazer essa tentativa.

Assim, voltei-me para a primeira pessoa e com um sorriso disse alegremente: "Bom dia!".

Aquela pessoa respondeu polidamente: "Bom dia!". Foi um milagre de ressurreição que aconteceu naquele momento; o que estava morto reviveu.

Então tentei com várias outras pessoas: 100% delas em estado de coma, fregueses da casa de café, responderam com vivacidade! Tentei isso em casa, onde a reação foi a mesma. Sem levar em consideração a aparência das coisas, uma palavra de ânimo e uma bênção real têm um poder eficaz.

Abigail deve ter entendido isso. Quando Nabal acendeu a ira de Davi, Abigail tomou a iniciativa. Descobriu que o rei havia decidido executar a sentença de morte e interceptou-a. "Bom dia, Davi!", disse ela alegremente.

"Que ganho eu com isso? Estou indo resolver um problema! Saia da frente".

Vá primeiro dissipar a ira

Abigail sabia que precisava primeiro dissipar a ira de Davi, então tomou a iniciativa de ir primeiro: "Ela caiu a seus pés e disse: 'Meu senhor, a culpa é toda minha' " (1Samuel 25.24). Um princípio poderoso de vida é tomar a culpa para restaurar um relacionamento desfeito. Quem é o culpado aqui não é a questão. Abigail era inocente, mas compreendia que a cura só teria início se a ira fosse dissipada.

Jesus fez isso por nós. Sua morte na cruz foi o começo de nossa cura e perdão. Fora inaugurada a redenção do mundo.

Minha esposa, Anna, é para mim a figura do princípio de Abigail. Sem considerar quem está errado, ela sempre irá primeiro, assumindo a culpa (embora, como marido, eu devesse assumi-la!). Mas, quando ela faz isso, a ira é dissipada e os reparos começam.

Esse princípio nos tira da perspectiva do problema para a perspectiva da solução. Assumir a culpa não torna Anna culpada. Em vez disso, ela dá início ao fim da ira para que a cura tenha início. Ela está mais comprometida em buscar saúde para o nosso relacionamento do que em descobrir quem é o culpado.

Vá primeiro falar palavras que curam

Com a ira de Davi dissipada, Abigail deu início ao processo de reconstrução:

> Esquece, eu te suplico, a ofensa de tua serva, pois o SENHOR certamente fará um reino duradouro para ti, que travas os combates do SENHOR. E em toda a tua vida, nenhuma culpa se ache em ti (1Samuel 25.28).

Nossas conversas nem sempre são edificantes; na verdade, às vezes fazemos comentários julgadores e uma lista de palavras condenatórias e desanimadoras.

- "Não adianta."
- "Nosso casamento acabou."
- "Eu nada posso fazer."
- "Nunca sairemos desta dívida."
- "Já tentamos tudo. Nada resolveu."
- "Ele nunca vai mudar."
- "Ela nunca vai mudar."
- "Eu não consigo mudar. É assim mesmo que sou!"

Palavras de morte. Nós as repetimos com fervor religioso e, agindo assim, acabamos em ruína!

Abigail nos ensina sobre como conservar relacionamentos saudáveis antes que morram, lembrando-nos que palavras carregam grande poder tanto para matar como para trazer vida. Palavras podem tornar amargo um relacionamento saudável ou um relacionamento amargo pode ser curado.

Há uma história contada por uma mulher tão desejosa de se divorciar do marido que contratou o mais vil dos advogados que pôde encontrar.

— Não quero só me divorciar dele — ela disse —, quero *acabar* com ele!

O advogado desonesto ponderou por um momento e então maquinou seu plano:

— Vamos pegá-lo de surpresa. Ele vai ficar tão perturbado e estupefato...

— Gostei disso! — respondeu a futura ex-esposa. — Como vamos fazer?

— Por três meses — desdenhou o advogado —, anime-o como você nunca fez antes. Fale palavras que o façam sentir como se tivesse ganhado milhões de dólares. Faça isso todos os dias, dia sim e outro também. Então, quando tivermos em mãos os papéis do divórcio, ele ficará completamente sem rumo! E facilmente tomaremos tudo o que ele tem!

Bem, isso era só o que a mulher queria, a perfeita restituição. Naquela manhã, ela colocou em prática seu plano. Palavras inspiradoras, reações de encorajamento e todo tipo de respostas que fluíam dela em cada tom, palavra e nuanças... todos os ingredientes necessários para preparar a poção que ele beberia até a última gota.

Ela prendera o marido na teia de astúcia que planejara e na qual ficaria até o dia final da execução.

À medida que se aproximava o fim dos três meses, ela procurou o advogado.

— Você está pronta para assinar os papéis do divórcio? — disse ele com um lampejo em seus olhos. — O juiz vai liberá-los! Oh, como eu adoraria ver a cara dele. Pronta para assinar? — ele completou, entusiasmado por antecedência.

— Assinar? — a mulher perguntou. — Eu não posso assinar aqueles papéis! Porque nesses três meses, ele se tornou o homem mais amável que eu jamais conheci!

Vá primeiro e faça o bem

Romanos 12.21 nos instrui acerca de outro princípio vital: "Não se deixem vencer pelo mal, mas vençam o mal com o bem".

Silenciar ou ficar neutro não são atitudes que vencem o mal; o mal só pode ser sobrepujado por um ato de bondade. O mal é anulado por um ato de carinho. É cancelado por um inesperado presente.

Abigail sabia disso. Ela desfez a ira de Davi, encorajando-o: "E que este presente que esta tua serva trouxe ao meu senhor seja dado aos homens que te seguem" (1Samuel 25.27).

Nossa reação normal quando as coisas não estão bem é ir parando e voltar atrás. Cessamos de dar presentes de encorajamento.

Deixamos de tomar tempo para ouvir. Não mais percebemos as características individuais dos outros. Interrompemos as marcas de apreciação, abandonamos o sorriso e perdemos a alegria. O amor cobre uma multidão de pecados, mas nós retiramos a cobertura! E justificamos nossas afirmações:

- "Ela não merece um favor".
- "Ele não é digno de minha paciência".
- "Meu colega não merece uma nota de agradecimento. Afinal, é o trabalho dele!"

Uma poderosa Regra de Sucesso é dar presentes. Por quê? Porque impede a intrusão do mal, inibe a erosão da vida e dá início à frutificação. Mas o teste para a doação de presentes não é quando tudo vai bem. Fazer isso é mais bem aplicado como um estimulante para a cura quando as coisas *não* estão bem!

COLECIONANDO AMIGOS

Como pastor jovem e emergente, um dos meus mais queridos amigos foi Noel Campbell. Ele está hoje em seus melhores anos, mas era um mentor para mim quando meus primeiros dentes começavam a sair.

Naquela época, colecionar *pog* era moda. *Pogs* são selos usados em garrafas de leite para lacrar a abertura da garrafa. Vêm geralmente com o nome da fábrica de laticínios. Todos prediziam que os *pogs* excederiam os cartões de beisebol como peça de coleção, e eu comprava, trocava, barganhava, negociava e regateava para conseguir os melhores.

Satisfeito com meu tesouro, mostrei a Noel minha bela coleção e disse:

— Noel, alguns colecionam cartões de beisebol e outros colecionam *pogs*. O que você está colecionando?

A sábia resposta de Noel me pegou desprevenido:

— Eu coleciono amigos.

Tenho ido a centenas de funerais e nunca ouvi alguém dizer do amigo que partiu: "O que eu mais apreciava em Harry era o seu dinheiro!". Não. No final eu ouvia sempre aquilo que era mais duradouro: "O que eu mais amava em Harry era o fato de ele parar para ouvir. Era um bom amigo!".

No fim, ficaremos só com os relacionamentos; são as únicas coisas que permanecerão. Quando as cortinas se fecharem, os relacionamentos serão os valores mais preciosos. Então, por que esperar? Eis uma Regra de Sucesso que inspirará sucesso: manter relacionamentos saudáveis.

Esperando o melhor de Deus

A melhor maneira de viver é seguindo as orientações do Livro e, quando você honra suas leis, levantará vôo mais alto do que jamais sonhou ser possível. Entretanto, não há garantias para aterrissagens suaves. Todos enfrentaremos contusões, até mesmo algumas derrotas, mas, se mantiver os olhos no Doador da Vida, *você vencerá!*

A vida do cristão não é uma auto-estrada interestadual, reta e belamente pavimentada; ela é como uma estrada secundária. A estrada secundária que atravessa as montanhas Blue Ridge do Tennessee é um ótimo exemplo: há curvas ocultas e retornos que fazem você voltar um passo atrás para avançar dois passos à frente. Tudo nessa estrada sinuosa que não lhe permite ver com clareza o que está à frente são sinais freqüentes que dizem: "O melhor ainda está por vir".

O objetivo deste livro é ser um daqueles sinais a lhe dar esperança, para lembrá-lo de que todas as curvas intrincadas na sua vida não são estradas sem saída, para encorajá-lo a seguir as Regras de Sucesso de Deus, pois fazendo isso você pode ficar certo de uma coisa... O melhor ainda está por vir!

Conheça outras obras da Editora Vida

Nunca é tarde demais

Nunca é tarde demais é um livro para homens e mulheres que não estão preparados para se conformar ao que é imediato e transitório. Ele apresenta estratégias práticas que o inspirarão a quebrar a rotina e despertar seus sonhos adormecidos. Você celebrará cada fase de sua vida! Conheça dicas que o ajudarão a se reinventar, crescer e reencontrar o espírito de aventura.

Desafiando seus impossíveis

São os momentos de crise que nos definem. É nessa hora que Deus deseja moldar nosso caráter e nos aproximar mais dele. No entanto, é nesses mesmos momentos que Deus parece ter desaparecido de nossa vida. Rick Ezell apresenta-nos nesse livro algumas personagens bíblicas que também enfrentaram crises. Cada capítulo é um passo a mais para compreendermos que são exatamente os momentos críticos que nos conduzem ao crescimento e à maturidade.

Imitar é limitar

Dicas fáceis de ler, lembrar e repletas de verdades enchem cada página desse livro, encorajando, desafiando e motivando o leitor a uma vida abundante:

- Ouse ser quem você é.
- Aprenda a ficar à vontade com sonhos grandiosos.
- Sucesso vem da coragem em dar pequenos passos.
- Medo é fé ao avesso.
- E muito mais...

Esta obra foi composta em *Agaramond* e impressa por
Imprensa da Fé sobre papel *Off Set* 63 g/m² para Editora
Vida em dezembro de 2007.